COLLECTION DU BIBLIOPHILE PARISIEN

AMATEURS

ET

VOLEURS DE LIVRES

EMPRUNTEURS INDÉLICATS
VOLEURS PAR AMOUR DES LIVRES
VOLEURS PAR AMOUR DE L'ARGENT
VOLS DANS LES BIBLIOTHÈQUES PUBLIQUES
CHEZ LES ÉDITEURS, LIBRAIRES
BOUQUINISTES. ETC.

PAR

ALBERT CIM

Ouvrage orné de deux planches hors texte

PARIS

HENRI DARAGON, ÉDITEUR
30, rue Duperré, 30

1903

AMATEURS

ET

VOLEURS DE LIVRES

Il a été tiré de cet ouvrage

N°

LE CONNOISSEUR.

Collection du Bibliophile Parisien

AMATEURS

ET

VOLEURS DE LIVRES

EMPRUNTEURS INDÉLICATS
VOLEURS PAR AMOUR DES LIVRES
VOLEURS PAR AMOUR DE L'ARGENT
VOLS DANS LES BIBLIOTHÈQUES PUBLIQUES
CHEZ LES ÉDITEURS, LIBRAIRES
BOUQUINISTES, ETC.

PAR

ALBERT CIM

Ouvrage orné de deux planches hors texte.

PARIS (IX)
H. DARAGON, LIBRAIRE
30, Rue Duperré, 30
—
1903

A

HENRY HOUSSAYE

MEMBRE DE L'ACADÉMIE FRANÇAISE
PRÉSIDENT HONORAIRE
DE LA SOCIÉTÉ DES GENS DE LETTRES

En souvenir des « Lundis » de la Société des Gens de Lettres, et de nos causeries sur les livres.

ALBERT CIM

TABLE DES MATIÈRES

I

II

III

IV

AMATEURS
ET
VOLEURS DE LIVRES

I

Emprunteurs indélicats. — Vols de livres
par amour pour les livres : — Richard
de Bury ; — André Tiraqueau ; — Innocent X ; — Daniel du Moustier ; — Le
cardinal Passionei ; — Diderot et le
petit Chose ; — Le marquis Tacconi ; —
Le R. P. Altieri ; — Antoine Boulard ;
— Le libraire N...; — Sir Edward Fitz-
Gerald ; — Le pasteur Finius ; — Vincente, de Barcelone ; — Le docteur R...;
— L'ex-conventionnel Courtois ; — Etc.

« De tous les êtres créés par Dieu,
le bibliophile est, sans contredit, le
plus égoïste et le plus féroce », a prétendu un homme d'esprit [1], qui, en

1. Edmond Texier, *ap.* Mouravit, *le
Livre et la Petite Bibliothèque d'amateur,*
p. 129.

émettant cette formelle et impitoyable assertion, oubliait *la Recherche
de l'Absolu* de Balzac et l'histoire
de tous les inventeurs, aussi bien
que celle de tous les amoureux et de
tous les passionnés, — passionnés
de la femme, de l'argent ou du pouvoir.

Les fervents du livre tiennent à
leurs trésors ; ils s'ingénient à les
accroître et redoutent de s'en séparer : y a-t-il là matière à si grand
étonnement ? D'autant plus que les
livres — qui ne le sait ? — se rendent
encore moins que l'argent.

« Les livres prêtés ne sont jamais
rendus.... Parfaitement ! Ainsi tous
les livres que vous voyez là, ce sont
des livres qu'on m'a prêtés et que
j'ai gardés, » répondait un jour,
d'après une légende sans doute plus
amusante qu'authentique, certain
bibliophile à un téméraire visiteur
qui faisait mine de lui emprunter un
volume.

Charles Nodier et son ami Guilbert de Pixérécourt n'allaient pas si loin et témoignaient plus de scrupules. Ils se bornent à dire, dans le distique qu'on leur attribue à l'un et à l'autre, et que tous les deux d'ailleurs pourraient revendiquer [1] :

> Tel est le triste sort de tout livre prêté,
> Souvent il est perdu, toujours il est gâté.

Le fait est que les emprunteurs ont été de tout temps et partout, et bien plus que les rats, les souris ou les mites, bien plus que l'eau et le feu, la terreur des bibliophiles.

Ite ad vendentes ! avait fait graver Scaliger sur le fronton de sa bibliothèque [2]. Oui, « allez en acheter », et laissez-moi les miens.

---

1. Cf. *Intermédiaire des chercheurs et curieux*, 10 juillet 1879, col. 401 ; — JULES RICHARD, *l'Art de former une bibliothèque*, p. 41 ; — OCTAVE UZANNE, *Du prêt des livres*, in *Miscellanées bibliographiques*, t. I, p. 36 ; — etc.

2. Cf. JULES JANIN, *l'Amour des livres*, pp. 59-60.

« Que le diable emporte les emprunteurs de livres ! » C'était une des plaisantes devises dont le cynique et savant peintre du Moustier avait décoré « le bas de ses livres », la plinthe de sa bibliothèque, sous les combles du Louvre, du temps de Louis XIII [1].

Avec plus de courtoisie et d'atticisme, son contemporain Guillaume Colletet a exprimé le même sentiment dans ces jolis vers maintes fois cités [2] :

> Chères délices de mon âme,
> Gardez-vous bien de me quitter,
> Quoiqu'on vienne vous emprunter !
> Chacun de vous m'est une femme,
> Qui peut se laisser voir sans blâme
> Et ne se doit jamais prêter.

Parmi les emprunteurs peu enclins à restituer, on cite le moraliste Nicole : « Il ne rendait pas très

1. Cf. TALLEMANT DES RÉAUX, *Historiettes*, du Moustier.
2. Cf. *Intermédiaire des chercheurs et curieux*, 10 et 25 février 1878, col. 65 et 122.

exactement les livres qu'il em-
pruntait, écrit de lui Sainte-Beuve [1].
M. de Pontchâteau, qui tenait fort
à ses livres, paraît s'en plaindre en
un endroit de ses lettres : « N'en
« dites rien néanmoins, il faut savoir
« perdre. Mais il faut avouer ma fai-
« blesse, je hais plus de perdre un
« livre qui ne vaut que dix sols, que
« dix pistoles. Cela est d'un petit
« esprit : aussi suis-je tel. »

L'académicien Villemain était, lui
aussi, paraît-il, dur à la desserre.
« Il ne rendait jamais les livres em-
pruntés, assure Jules Richard, dans
son traité sur *l'Art de former une
bibliothèque* [2], et il fallait la complicité de son secrétaire pour que
le prêteur pût aller reprendre fur-
tivement son bien. »

Un autre immortel, Louis de Lo-
ménie, était, au dire du même biblio-

1. *Port-Royal*, t. **IV**, p. 414, n. 1.
2. Page 41.

graphe [1], atteint de cette même fréquente faiblesse.

*
* *

Mais la manie du vol, du vol nettement et dûment caractérisé, vient
parfois et progressivement se glisser
dans la passion des livres ; parfois
et inconsciemment, le bibliophile
devient voleur.

Combien de gens même sont, encore à présent, disposés à admettre,
ainsi que Tallemant des Réaux en
faisait jadis la remarque, « que voler
des livres, ce n'est pas voler, pourvu
qu'on ne les vende point après [2] » !

Richard de Bury, l'auteur du *Philobiblion*, composé vers 1340 et
« qui est peut-être, depuis le moyen
âge, le plus ancien livre de bibliomanie que l'on connaisse [3] », avoue

1. *Loc. cit.*
2. *Loc. cit.*
3. Ludovic Lalanne, *Curiosités bibliogr.*,
p. 186.

que, pendant qu'il remplissait les fonctions de chancelier et de trésorier auprès du « triomphant roi d'Angleterre » Édouard III, tous les moyens lui étaient à peu près bons pour se procurer des livres. «Comme, grâce à la bonté du prince,... nous pouvions nuire ou servir, protéger ou repousser les grands et les petits », nous nous faisions donner, dans les monastères comme chez les particuliers, tous les manuscrits qui nous plaisaient [1].

On voit que l'exemple vient de loin et de haut.

Un savant jurisconsulte, qui a été appelé le Varron de son siècle, et que Rabelais, dans son *Pantagruel* [2], présente en ces termes : « le bon, le docte, le saige, le tant humain, le tant debonnaire et equitable André Tiraqueau, conseiller

1. *Philobiblion,* p. xxxi et chap. viii, édit. Cocheris.

2. Livre IV, prologue.

du grand, victorieux et triomphant roy Henry, second de ce nom », ayant dérobé aux religieux de Prémontré un exemplaire des *Épîtres* de Cicéron, fut par ceux-ci menacé d'être pendu.

« Oh ! songez donc, mes frères, leur dit-il, que j'avais le plus grand besoin de ce Cicéron, et qu'on ne pend pas un brave homme qui a fait, en douze ans, douze enfants et douze tomes in-folio [1]. »

Le nombre de ces enfants et de ces tomes augmenta avec les années, et un bon raillard décocha à la fin au frugal et abstème Tiraqueau cette épigramme à double tranchant [2] :

> Tiraqueau, fécond à produire,
> A mis au monde trente fils ;
> Tiraqueau, fécond à bien dire,
> A fait pareil nombre d'écrits.

1. JULES JANIN, *le Livre*, p. 129.
2. LAROUSSE, *Grand Dictionn.*, art Tiraqueau.

S'il n'eût point noyé dans les eaux
Une semence si féconde,
Il eût enfin rempli le monde
De livres et de Tiraqueaux.

« Que de livres volés ornaient la bibliothèque de Sarrazin, de Montreuil, de Chapelain, de Ménage, de Malingre et Chaumer (*sic*), Saumaise et Pinchesne, de Colletet, de Pelletier ! » s'écrie Jules Janin, dans une de ses brillantes causeries sur *le Livre* [1], où l'on souhaiterait souvent plus d'exactitude et de précision. Et il rappelle, à ce propos, la friponnerie dont fut victime un des célèbres Saurin. Ayant prêté à une aimable juive de dix-huit ans, dans l'unique intention de la convertir, un superbe exemplaire de la Bible d'Anvers, — qui ne lui appartenait pas, pour comble, — notre Saurin s'aperçut, lorsque le livre lui fut rendu, que les fermoirs de pierreries dont il était garni avaient disparu : la

1. **Pages 129-130.**

jeune Esther les avaient détachés
« pour s'en faire des accroche-
cœur [1] ».

*
* *

Comme à l'appui de sa naïve et
cynique constatation sur le vol des
livres, Tallemant des Réaux [2] rap-
porte la curieuse scène qui se passa
un jour entre Mgr Pamfilio (ou Pan-
fili), devenu plus tard le pape Innocent X, et le susdit peintre Daniel
du Moustier, celui qui envoyait si
bien au fin fond des enfers les emprunteurs de livres.

« Le cardinal Barberin estant
venu légat en France, durant le
pontificat de son oncle, eut la curiosité de voir le cabinet de du Moustier et du Moustier mesme. Innocent X, alors monsignor Pamfilio,
estoit en ce temps-là dataire et le

1. *Loc. cit.*
2. *Loc. cit.*

premier de la suite du légat ; il l'accompagna chez du Moustier, et, voyant sur la table l'*Histoire du concile de Trente*, de la belle impression de Londres, dit en luy-mesme : « Vrayment c'est bien à un homme comme cela d'avoir un livre si rare ! » Il le prend et le met sous sa soutane, croyant qu'on ne l'avoit point veû ; mais le petit homme (du Moustier), qui avoit l'œil au guet, vit bien ce qu'avoit fait le dataire, et, tout furieux, dit au légat « qu'il luy estoit extresmement obligé de l'honneur que Son Éminence luy faisoit ; mais que c'estoit une honte qu'elle eust des larrons dans sa compagnie ; » et sur l'heure, prenant Pamphile par les espaules, il le jeta dehors en l'appelant *bourguemestre de Sodome*, et luy osta son livre.

« Depuis, quand Pamphile fut créé pape (15 septembre 1644), on dit à du Moustier que le pape l'excommunieroit et qu'il deviendroit

noir comme charbon. « Il me fera
grand plaisir, respondit-il, car je ne
suis que trop blanc » (de barbe et
de cheveux).

Ajoutons que ce même Daniel du
Moustier, si vigilant gardien de ses
livres, ne se gênait pas plus que
monsignor Pamfilio, quand il s'agissait de s'en procurer. Au dire encore
de l'indiscret auteur des *Historiettes* [1], il contait lui-même, et comme
chose toute licite et naturelle, et sans
doute en s'en vantant comme d'un bon
tour de sa façon, qu'il avait un jour
épié l'absence d'un libraire du Pont-
Neuf, pour lui dérober un volume
qu'il cherchait depuis longtemps.

Un autre prélat italien, le cardinal
Dominique Passionei, qui faillit de-
venir pape, lui aussi, et dont le président de Brosses nous a tracé, dans
ses *Lettres sur l'Italie*, un si vivant
et amusant portrait [2], était parvenu

1. *Loc. cit.*
2. Cf. let. **XL**.

à se former une superbe bibliothèque par des procédés analogues à ceux d'Innocent X.

Envoyé en 1721 à Lucerne en qualité de nonce, Passionei s'était pris, pour les abbayes et couvents de la Suisse et des alentours, d'une curiosité et d'une admiration singulières. Il les visitait sans relâche, s'arrêtait de longues heures dans les bibliothèques de ces établissements, et n'en sortait jamais que le manteau bien garni, amplement gonflé.

« Le bon cardinal, écrit le président de Brosses [1], a souvent fait sa main en Allemagne, où il furetait les couvents de moines, et se faisait donner, de bonne ou de mauvaise grâce, quantité de livres curieux et d'éditions rares. Il assaisonnait le tout de beaux compliments ; la pantalonnade italienne ne lui manque pas ; on était assez embarrassé de savoir comment refuser Son Excel-

1. *Loc. cit.*, let. XLVI.

lence Monseigneur le nonce, dont les remerciements précédaient toujours l'offre de la chose, qu'il finissait par échanger contre une grave bénédic-tion, que les pauvres moines rece-vaient prosternés et rechignants. »

A l'égard des religieux méfiants ou récalcitrants, Passionei avait ima-giné un moyen d'appropriation plus expéditif. Il prétextait des études à poursuivre, des recherches à effec-tuer dans leurs bibliothèques ; il s'y faisait enfermer à clef pour ne pas être dérangé, et jetait par la fenêtre, à un de ses affidés, tous les volumes qui excitaient sa convoitise, les plus précieux, bien entendu [1].

Instruit par tous ces manèges et une si longue pratique, le cardinal Passionei se garda bien, plus tard, lorsqu'il fut de retour à Rome, de confier la surveillance de ses collec-tions de livres et de manuscrits à un

1. Cf. FRANÇOIS FERTIAULT, *les Légendes du livre*, pp. 91 et 198.

érudit capable de les apprécier et,
par suite, de les écrémer. On raconte,
à ce propos [1], que plusieurs savants ayant un jour obtenu la permission de visiter sa bibliothèque ne
purent tirer un mot du bibliothécaire,
tant était crasse l'ignorance de ce
custode, tant il était inintelligent et
stupide. Le cardinal leur ayant demandé s'ils étaient satisfaits de leur
visite :

« Oui, monseigneur, répondit l'un
d'eux ; mais...

— Mais quoi? Dites ! Parlez fran-
chement !

— Si la bibliothèque est magnifique, le bibliothécaire est d'une inca-
pacité...

— Monsieur, répliqua Passionei,
ma bibliothèque est mon sérail, et
tout sérail, pour être en sûreté, doit
être gardé par des eunuques. »

Diderot, au dire de Jules Janin [2],

1. Cf. Ludovic Lalanne, *loc. cit.*,
pp. 178-179.
2. *Loc. cit.*, pp. 130-138.

figure parmi les voleurs de livres, mais avec cette particularité, qu'il a été « un voleur innocent ». Voici l'histoire. Il avait un soir rencontré un petit bonhomme, « le petit Chose », comme il l'appelle, qui s'était dit son admirateur et avec qui il n'avait pas tardé à se lier. Introduit chez Diderot, invité à dîner par lui, le petit Chose, qui témoignait mille prévenances à l'illustre écrivain et s'appliquait à lui faire sa cour, se mit bientôt à lui fournir gratis les livres les plus admirables et les plus rares.

« A ma dernière fête, il m'a donné, dans une reliure de Le Gascon, les *Contes* d'Eutrapel, gentilhomme breton (Rennes. 1585), suivis des *Baliverneries* de ce même Eutrapel.... C'est au petit Chose que je dois ce beau rayon où resplendissent *les Chevaliers de la Table ronde, le Romman de la Rose, le Percefo-*

rest, l'Amadis de Gaule et *le Chevalier du Soleil.* »

Diderot finit par s'inquiéter de la provenance de ces trésors : « à chacun de ses présents, j'entrevoyais un mystère, une suite de dangers, une complicité qui pouvait me déshonorer. »

Il interrogea le petit Chose, le pressa de questions.

L'autre ne se démâta nullement, et, toujours gracieux et souriant, se borna à répondre que « ces livres ne servaient à rien où ils étaient.

— Mais tu les as volés !

— Volés serait le mot, monsieur Diderot, si je les avais pris pour mon propre compte, ou si du moins ils étaient utiles à leur propriétaire. Mais voici tantôt quatre années que le propriétaire n'est entré dans sa bibliothèque, et naturellement j'espérais que tant de science inutile profiterait entre vos mains. Quoi de plus juste et de plus sensé ? »

Diderot de s'efforcer de lui faire comprendre qu'il n'y avait, au contraire, rien de plus inique et de plus coupable ; et, tout d'abord, il voulut l'obliger à restituer ces larcins.

« Ce que vous me demandez est impossible, monsieur Diderot. Ces livres appartiennent à l'abbé de Gatient, chanoine de Notre-Dame de Paris. J'étais son secrétaire et son lecteur ; il est mort d'avant-hier ; la bibliothèque est sous le scellé.... »

La conclusion ne manque ni d'originalité ni de charme : l'héritière du chanoine refusa, paraît-il, de reprendre les livres ; Diderot dut les garder, et il garda avec eux le petit Chose, dont, pour comble, il fit son bibliothécaire, jusqu'au jour de la cession de sa bibliothèque à Catherine de Russie.

Avec Paul-Louis Courier, nous revenons aux Italiens, qui, comme nous l'avons vu chez Tallemant des Réaux et chez le président de Brosses, et comme nous le constaterons encore tout à l'heure par le fameux Libri, ont toujours possédé de très ardents collectionneurs de livres et de manuscrits. A plusieurs endroits de sa correspondance, Paul-Louis nous en donne de typiques exemples, — sans qu'il soit besoin de rappeler sa désagréable affaire avec les conservateurs de la Laurentienne de Florence, la très malencontreuse et célèbre tache d'encre faite par lui sur le manuscrit de Longus.

« Le marquis Tacconi, à Naples, grand trésorier de la couronne, grand amateur de livres, et mon grand ami, que l'on vient de mettre aux galères, avait cent mille livres de rente, et il faisait de faux billets ; c'était pour acheter des livres, et il ne les lisait jamais. Sa bibliothèque magnifique était plus à moi qu'à lui ; aussi suis-je fort fâché de son aventure. Tudieu, comme on traite la littérature en ce pays-là ! L'autre roi fit pendre un jour toute son académie, celui-ci envoie au bagne le seul homme qui eût des livres dans tout le royaume. Mais, dites-moi, auriez-vous cru que la fureur bibliomaniaque pût aller jusque-là ? L'amour fait faire d'étranges choses [1].... »

Plus loin, Paul-Louis nous parle des manuscrits du Vatican, qui « s'en vont tout doucement en Allemagne et en Angleterre. Le pillage en fut commencé par le révérend père Altieri, bibliothécaire. Il les vendait cher, *cent dix sous le cent*, comme Sganarelle ses fagots. Je crois qu'on les a maintenant à meilleur marché. Mais notez ceci, je vous en prie. Altieri vend les manuscrits dont il a la garde ; il est pris sur le fait ; on trouve cela fort bon ; personne n'en dit mot ; on lui donne un meilleur

1. P.-L. Courier, let. à M. et Mme Clavier, 30 août 1809.

emploi. Moi, je fais un pâté d'encre, tout le monde crie haro ! [1] »

* **

Le fameux Boulard (Antoine-Marie-Henri), qui, après avoir été notaire, fut maire du dixième arrondissement de Paris, puis député sous le premier Empire, et qui avait rempli de volumes, de la cave jusqu'aux combles, sa maison de la rue Bonaparte, nº 23, au coin de la rue Jacob, passe pour n'avoir pas été non plus très scrupuleux en fait de livres. Alkan aîné raconte à ce sujet l'anecdote suivante, dans la notice qu'il a consacrée à Édouard-René Lefebvre de Laboulaye, *Un Fondeur en caractères, membre de l'Institut* [2].

Un matin, Boulard, qui était lié

1. P.-L. COURIER, let. à M. Clavier, 13 octobre 1810.
2. Page 15.

avec un proche parent de M. de Laboulaye, M. Lefebvre, notaire à
Paris, vint pour lui rendre visite.
Il entre dans la loge du concierge,
où personne ne se trouvait, puis
monte chez le notaire. A peine est-il
dans le cabinet de celui-ci, que le
concierge arrive tout effaré, et,
s'adressant à voix basse au notaire,
lui demande s'il connaît bien le monsieur qui est avec lui en ce moment.

« Si je le connais ! réplique maître Lefebvre sur le même ton, c'est
mon meilleur ami, un ancien collè-
gue à moi, un parfait honnête
homme.

— Ah ! c'est que... c'est que je
vais vous dire, fait le concierge,
d'une voix toujours discrète. Un
locataire de la maison m'a prêté un
volume, et ce volume, que j'avais
laissé sur ma table il y a un instant,
je ne le trouve plus. Or, il n'y a
que ce monsieur qui a pénétré dans
ma loge.... Ce volume fait partie

d'un ouvrage qui va être ainsi dé-
complété : cela me met vis-à-vis du
locataire dans le plus cruel embarras.

— Écoutez, reprend le notaire,
mon ami va partir tout à l'heure ;
suivez-le jusqu'à sa demeure et mon-
tez avec lui. Vous lui direz : « Monsieur, je suis le concierge de M. Lefebvre. Est-ce que, par un simple
effet du hasard, vous n'auriez pas
emporté un livre qui était sur ma
table ? »

Ce qui fut dit fut ponctuellement
exécuté.

« Attends ! » répondit maître
Boulard, qui, sans se déconcerter
le moins du monde, plongea la main
dans une de ses grandes poches et
en tira le volume.

« Tiens, le voilà, ton livre ! Et em-
porte-le bien vite ! » ajouta-t-il en
remettant au concierge une pièce de
cent sous pour l'indemniser de son
dérangement.

Un grand libraire de Paris était connu, il y a une cinquantaine d'années, pour son étrange habitude de fourrer dans sa poche les livres qu'il trouvait à sa portée chez les bouquinistes, aussi bien qu'à l'Hôtel des ventes. Il ne se cachait pas, opérait à son aise, paisiblement, mais comme fatalement et inconsciemment. On avait fini par supporter ces larcins et n'adresser aucun reproche, ne faire aucun affront à ce maniaque. Si l'opération avait eu lieu chez un bouquiniste, celui-ci lui envoyait le lendemain sa note relatant le titre et le prix du livre, facture qui était toujours acquittée sur-le-champ et sans marchander. Si le vol avait été commis à l'Hôtel des ventes, on arrêtait notre homme à la porte, et on lui demandait si quelquefois, par hasard, il n'emportait pas tel ou tel ouvrage.... Lui alors de se tâter :

« Ma foi, oui ! s'exclamait-il .

Vous avez raison ! Je suis si dis-
trait !... »

Et, sans le moindre embarras, très
gentiment, il restituait le ou les volumes.

Ou bien, les enchères ouvertes, le
commissaire priseur annonçait un à
un les ouvrages manquants, et ajoutait, en laissant retomber son mar-
teau d'ivoire :

« Adjugés à M. N... ! »

Et M. N... ne contestait jamais,
payait recta et recommençait le lendemain [1].

A peu près en même temps, un
amateur, redouté de tous les bouquinistes parisiens et surnommé par
eux *l'Anglais*, était enfin pris en flagrant délit, comme il enfouissait
dans sa poche une bible polyglotte.
Conduit devant le commissaire de
police, il lui fallut révéler son nom :
c'était le descendant d'une des plus

1. Cf. *Grande Encyclopédie,* art. Bibliomanie; et JULES JANIN, *loc. cit.,* pp. 117-
118.

illustres familles d'Angleterre, sir Edward Fitz-Gerald. Il avait des parents à la Chambre des Pairs et à la Chambre des Communes, et un de ses oncles était alors premier ministre du Royaume-Uni. Ce gentleman avait débuté par être secrétaire d'ambassade, et ses premiers vols de livres remontaient à cette époque et s'étaient effectués autour de lui, chez ses meilleurs amis. Surpris un jour par sa femme, en train de dérober des livres dans un château du Northumberland, il avait été dénoncé par elle, chassé de ce château, et il était venu se réfugier à Paris, où son incorrigible passion se donnait carrière. Ce malheureux, que des piles d'or n'auraient pas tenté et qui ne pouvait résister au besoin de soustraire des livres, des livres surtout quelconques et de très minime valeur, fut condamné à deux ans de prison [1].

1. Cf. JULES JANIN, *loc. cit.,* pp. 119-120

Un autre maniaque, mais bien autrement dangereux, fut le pasteur
saxon Finius, qui, en 1812 et 1813,
tua et vola un négociant, puis une
vieille femme, pour se procurer l'argent nécessaire au paiement de bibliothèques achetées par lui [1].

Mais rien ne surpasse en étrangeté
et en horreur l'histoire bien connue, — et toujours citée comme le
plus curieux et le plus dramatique
témoignage des folies et des crimes
engendrés par la passion des livres,
— du libraire Vincente, de Barcelone, condamné à mort et exécuté
en 1836.

On retrouve là absolument les
mêmes symptômes, les mêmes fré-
nétiques et irrésistibles impulsions
que chez cet ancien maître ciseleur,
héros d'un des contes d'Hoffmann,
l'orfèvre René Cardillac, qui ne pouvait se décider à voir passer en d'au-

1. Cf. *Intermédiaire des chercheurs et
curieux*, 25 novembre 1877, col. 678.

tres mains les artistiques bijoux qu'il s'était appliqué à ouvrer, et, la nuit venue, s'embusquait sur le chemin de ses acheteurs pour les dévaliser et les poignarder. Tout commentaire ne ferait qu'altérer et affaiblir ce compte-rendu, que nous croyons devoir donner en détail, à cause de son importance, et que nous empruntons, à peu près textuellement, à la *Gazette des Tribunaux* [1].

A Barcelone, sous les arcades qui bordent la place vers le nord-ouest et qu'on appelle les piliers *de los Encantes*, sont établies les boutiques d'un grand nombre de regrattiers et de brocanteurs. C'est là que se tiennent principalement les marchands de vieux livres. Depuis longtemps Augustin Patxot exerçait en cet en-

1. N° du 23 octobre 1836, *in* le journal *le Voleur*, du 31 octobre 1836, pp. 955-957.

droit son commerce de bouquiniste. Ses affaires n'étaient pas très brillantes, cependant il gagnait sa vie. Mais voilà qu'à la suite des pillages des couvents, un concurrent vint s'établir dans le voisinage. Bien que ce nouveau venu portât des habits séculiers, il était facile de reconnaître en lui un ancien moine. C'était frère don Vincente, du couvent cistercien de Poblet, dans la province de Tarragone (Catalogne). Le pauvre religieux ne cessait de déplorer le désastre de son monastère. La vie oisive du cloître n'était pas ce qui excitait ses douloureux souvenirs ; il ne regrettait ni les rentes de la communauté, ni les trente livres catalanes que payait aux bons pères le village de Poblet, pour se racheter du droit de jambage qu'ils pouvaient exercer sur les jeunes fiancées de leurs domaines ; mais jamais don Vincente ne songeait sans amertume à cette magnifique bibliothèque qu'un des derniers rois d'Aragon avait donnée à son couvent. Ce n'est pas qu'il en eût fait lui-même grand usage ; mais il était accoutumé à voir ses nombreux manuscrits bien en ordre sur ses beaux rayons d'é-bène ; et il savait, au moins par ouï-dire, tout ce qu'il y avait là de science et de richesses enfouies.

« Hélas ! disait-il, depuis que, dans l'avant-dernière guerre, les archives de Saragosse et du sanctuaire de San Juan de la Pena ont été brûlées, c'était chez nous seulement qu'on pouvait trouver des monuments authentiques pour écrire notre histoire. Peut-être, en fouillant parmi nos manuscrits, eût-on rencontré les écrits de cet Arnaldo di Brescia, qui fut le fauteur de l'hérésie des Albigeois. On y eût certainement découvert des détails sur cette guerre dans laquelle notre roi don Pedro alla se faire tuer, sous les

murs du château de Muret, par Mont-
fort, son beau-frère. »

Soit que le chagrin qu'il éprouvait
de cette irréparable perte eût un peu
troublé sa raison, soit que la vive
émotion qu'il avait ressentie en
voyant saccager son couvent, n'eût
fait qu'exaspérer une passion qui
déjà existait chez lui, il ne parlait
plus, ne rêvait plus que livres. Il ne
lisait guère, mais il connaissait les
éditions anciennes ; il devinait, avec
un inconcevable instinct, la valeur
d'un vieux manuscrit, avant même
qu'il l'eût ouvert.

C'était uniquement pour satisfaire
son besoin de voir et de contempler
des livres, d'en feuilleter et d'en pal-
per, qu'il s'était fait libraire. Sa boutique, au reste, était bien garnie.
On disait même que les envahisseurs
et les pillards du monastère n'avaient
pas seuls enlevé les richesses littéraires qui s'y trouvaient ; que don
Vincente, voyant que chacun prenait,

avait fait comme les autres. On ajoutait même qu'il n'avait pas eu la main
malheureuse.

Ce qu'il y a de plus positif, c'est
qu'il avait su achalander prompte-
ment son magasin.

On avait fini cependant par remarquer que don Vincente ne présentait
presque jamais à ses clients les livres
précieux qu'il avait en grand nombre
dans sa boutique ; il fallait qu'il fût
bien pressé d'argent pour se décider
à les exhiber et surtout à les vendre.
Il était manifeste qu'il témoignait une
indicible répugnance à se séparer
d'eux, et qu'autant il se montrait
accommodant pour des ouvrages
de peu d'importance, autant il devenait pointilleux dès qu'il s'agissait
d'exemplaires rares. Il opposait alors
mille difficultés, surélevait ses prix
d'une façon déraisonnable, et, pour
comble, lorsqu'on déposait dans ses
mains la somme demandée par lui,
il essayait de la repousser, il ne la

recevait qu'en rechignant. Il lui fallait ensuite livrer ce volume qu'il
venait de vendre, s'en dessaisir, et
l'on voyait son émotion s'accroître,
sa douleur redoubler. Il devenait
rouge, violet, tous les muscles de
son visage se contractaient ; il pous-
sait de gros soupirs.... Quelle violence il se faisait !

Cependant, malgré ce travers et
cette manie, ses affaires étaient très
prospères, plus prospères à elles
seules que celles de tous ses confrères
réunis ; aussi tous le détestaient-ils
cordialement, et Patxot leur ayant
proposé de se liguer contre lui, ils
convinrent de couvrir toutes les
enchères que Vincente mettrait dans
les ventes publiques. Ils l'empê-
chaient ainsi de rien acheter pour
approvisionner son magasin. Ce ma-
nège désespérait don Vincente, qui
voyait passer, sans pouvoir les acquérir, les livres, objets de sa convoitise, et presque toujours il se mettait

en fureur lorsqu'on lui apportait
« les réaux de consolation, » *los
reales de consolacion* : on nomme
ainsi la somme modique, déterminée
d'avance et proportionnée à la valeur
de l'objet mis en adjudication, qu'il
est d'usage à Barcelone de verser à
l'avant-dernier enchérisseur, mesure
qui a pour but d'encourager les as-
sistants à prendre part à la vente et
à pousser aux enchères.

Vers le milieu de l'année 1836, on
mit en vente la bibliothèque d'un vieil
avocat, de son vivant grand amateur
de livres rares. Dans cette vente figu-
rait un ouvrage qui avait attiré particulièrement l'attention de don Vincente, un petit in-folio gothique
portant le titre de : *Furs e ordina-
cions fetes per los gloriosos reys de
Arago als regnicols del regne de
Valencia.* C'était la première édition
de cet ouvrage, imprimée en 1482
par Lambert Palmart, l'introducteur
de l'imprimerie en Espagne ; et on

ne connaissait aucun autre exemplaire de cette édition. Aussi don Vincente poussa-t-il les enchères avec acharnement. Il fit monter le prix jusqu'à 4.535 réaux de Arditez (1 320 fr. 90) : mais Augustin Patxot, qui convoitait ce livre non moins ardemment, porta l'enchère à 557 livres catalanes (1 334 fr. 44), et il lui fut adjugé.

Les marchands qui se trouvaient placés à côté de don Vincente l'entendirent murmurer des menaces, et il se retira pourpre de colère. On crut qu'il avait dit que Patxot ne garderait pas longtemps son acquisition.

En effet, la semaine ne s'était pas écoulée, que les habitants de Barcelone furent éveillés, au milieu de la nuit, par des cris d'alarme : un incendie s'était déclaré, les flammes dévoraient le magasin de Patxot. On accourut de toute part, et, grâce à la promptitude des secours, on parvint à empêcher les progrès de l'incendie ;

mais on trouva, sous les débris fu.
mants de ses livres consumés, le cadavre de l'infortuné marchand. Il était
tellement brûlé qu'il ne fut pas possible de reconnaître si son corps por-
tait des traces de violence. L'idée
que ce désastre pouvait être le résultat d'un crime ne se présenta d'ailleurs même pas à l'esprit : sur une
table voisine du lit de Patxot, était
empilée et intacte une somme d'argent assez considérable qu'il avait
reçue la veille. On pensa qu'il s'était
endormi en fumant, qu'une étincelle,
tombée de sa cigarette, avait mis le
feu à son couvre-pieds de coton, puis
aux feuilles de maïs de sa paillasse,
que la flamme avait ensuite gagné
les ballots de marchandises et les
livres entassés sur les rayons.

Cependant, à la même époque, on
retira du port le cadavre d'un jeune
littérateur allemand, qui avait été
frappé de plusieurs coups de poi-
gnard. Quelques jours auparavant,

on avait trouvé près des *Atarasanas*,
— c'est le nom donné à la fonderie
de canons, — dans un fossé, et re-
couvert seulement par quelques
branchages, le corps d'un curé des
environs.

Ces assassinats, on en fit aussitôt
la remarque, n'avaient pas été commis par des malfaiteurs ordinaires,
puisque les deux victimes portaient
encore sur elles leur or et leurs bijoux, et on se perdait en conjectures
pour expliquer ces crimes.

Mais d'autres assassinats succè-
dent à ceux-ci ; neuf autres cadavres
sont découverts en peu de temps ;
parmi ces morts, on cite don Pablo
Rafael de N..., alcade *(alcalde)* honoraire de la première *sala* de l'audience royale, connu par les savantes
recherches qu'il a publiées sur la
domination des Phéniciens en Catalogne ; un *alcalde mayor* (juge de
paix), et un *bayle* (simple alcade,
officier municipal).

Ces crimes, qui avaient jeté l'épouvante dans le pays, ne pouvaient être le résultat de vengeances personnelles : on ne connaissait pas d'ennemis à ces malheureux. On ne pouvait davantage attribuer ces meurtres à des passions politiques : les victimes appartenaient indifféremment soit au parti des carlistes, soit à celui des christinos. Une seule distinction semblait les désigner au fer des assassins, c'était leur goût pour l'étude, car ce n'était qu'à des gens instruits et connus par leur amour de la science que la mort était donnée. On en vint à parler de tribunaux secrets, dont l'exécution des sentences aurait été confiée à des affiliés engagés à la discrétion et à l'obéissance par les plus formidables serments. On parlait aussi d'un rétablissement illégal, clandestin, du Saint-Office, et c'était surtout à cette dernière idée que s'était arrêtée l'opinion générale. Quelque éloi-

gnée de la réalité que fût cette con-
jecture, elle amena cependant la découverte du coupable.

Cédant à la clameur publique, la
justice avait ordonné des perquisi-
tions chez plusieurs personnes con-
sidérées comme susceptibles de faire
partie du nouveau tribunal d'Inquisition, et don Vincente, par sa qualité d'ancien moine et son caractère,
se trouvait parmi les premiers soupçonnés.

Le corrégidor se transporta chez
lui. On ne découvrit d'abord rien
qui pût le moins du monde confir-
mer ces suppositions relatives au
rétablissement de l'Inquisition, et le
magistrat s'en allait, mécontent de
cette visite inutile, lorsque, dans
une chambre retirée, il avisa par
hasard, sur un rayon élevé, le *Direc-
torium inquisitorum* (le *Guide des
inquisiteurs*) du dominicain Eyme-
ric de Girone. Il jugea que cela était
de bonne prise et voulut le saisir. En

le prenant, son greffier fit tomber le volume voisin. C'était le livre imprimé en 1482 par Palmart ; le titre de cet ouvrage était présent à la mémoire du corrégidor, car la ville tout entière s'était entretenue de la vente de cet ouvrage et du prix élevé moyennant lequel il avait été adjugé. On demanda à Vincente comment il s'en trouvait maintenant possesseur. Il prétendit qu'on le lui avait revendu ; mais la guerre que les libraires s'étaient engagés à lui faire rendait cette explication invraisemblable. On commença donc par conduire Vincente dans la prison publique ; puis on dressa l'inventaire de ses livres, parmi lesquels il y avait un exemplaire des *Antiquités d'Espagne et d'Afrique*, annoté de la main de Bernard Aldrete [1], exemplaire qui fut reconnu comme ayant été acheté à Vincente

1. ALDRETE (BERNARD), *Varias antiguëdades de Espana, Africa y otras pro-*

par don Pablo Rafael de N... quelques jours avant sa mort. On découvrit de même plusieurs autres livres précieux, qui avaient été vendus par Vincente aux autres personnes récemment assassinées.

Après avoir longtemps essayé de se retrancher dans des dénégations, Vincente finit par avouer la vérité ; moyennant la promesse à lui faite de ne pas disperser sa bibliothèque, mais de la conserver entière, il se détermina même à donner les détails les plus circonstanciés sur les meurtres qu'il avait commis.

Le jour du jugement venu, il confirma ses aveux en présence de la foule nombreuse qu'avait attirée la tragique singularité de cette affaire.

Vincente — c'est toujours la *Gazette des Tribunaux* qui parle — est un homme de petite taille, mais fort

___

vincias. — *En Ambéres (à Anvers)*, 1614, in-4, 640 pp. (BRUNET, *Manuel du libraire.*)

et vigoureux ; son visage frais et
rose respire la franchise et la
loyauté ; il a du reste l'air peu ému,
et il répond d'une voix assurée aux
questions qui lui sont adressées.

Après avoir fait, sur ses lèvres et
sur ses yeux, le signe de la croix, il
prend ainsi la parole :

« Je dirai la vérité, je l'ai promis ;
si j'ai été coupable, c'est au moins
dans une bonne intention. Je voulais
enrichir la science ; je voulais conserver des trésors qu'elle n'aurait pu
remplacer. Si j'ai mal fait, je ne demande pas de grâce pour moi :
qu'on fasse de moi tout ce qu'on voudra ; mais au moins qu'on ne divise
pas mes livres, car il n'est pas juste
de punir le bât pour les fautes qu'a
commises l'âne qui le porte.

« Ce fut bien contre mon gré que
je consentis à vendre le premier livre précieux à un curé : le besoin
m'y contraignit ; cependant saint
Jean le Glorieux (*sic*), patron des

écrivains, m'est témoin que je fis ce que je pus pour dégoûter le bon père de cette acquisition ; je lui dis que l'exemplaire était mal conservé, je lui fis observer qu'il y avait une page refaite à la main : il ne tint nul compte de mes observations, il me paya le prix demandé et s'en alla. Il ne m'eut pas plutôt emporté mon volume, que je me sentis saisi d'un inexprimable désir de le ravoir. L'acheteur avait suivi la *calle mayor* (la grande rue) ; je me mis à courir après lui, je le rejoignis près des *Atarasanas*, et je lui dis : « Tenez, voilà votre argent, rendez-moi mon livre. » Il ne le voulut pas. Je le suivis pendant quelque temps en lui renouvelant inutilement cette proposition.

« Nous étions arrivés dans un endroit désert. Je voyais bien qu'il n'y avait pas moyen de lui faire entendre raison. Je le frappai d'un coup de couteau. Il tomba à terre, rendant le sang par la bouche. Alors je lui donnai l'absolution *in extremis*, et, d'un second coup, je l'achevai. Je le roulai dans le fossé et je le couvris de quelques branches. C'était là une précaution superflue, que, par la suite, je n'ai pas prise. J'ai remporté mon livre, le voilà... (et l'accusé le désigne parmi tous ceux qui sont placés devant la Cour). C'est un livre rare, dit-il : *Vigiliæ mortuorum secundum chorum ecclesiæ Maguntinæ*, in-quarto gothique, caractères rouges et noirs, sans chiffres, mais avec réclames.

LE PRÉSIDENT (*l'alcalde goberna-dor*). — Mais ce n'est pas l'unique fois que vous avez tué les personnes qui vous avaient acheté des livres ?

VINCENTE. — Oh ! certainement non. Vous voyez que ma bibliothèque est nombreuse et bien choisie ; et, comme on dit, *no se gano Zamora en una ora* (on n'a pas gagné Zamora en une heure).

D. — Expliquez comment vous avez assassiné vos autres victimes.

R. — Par la sainte Vierge et par les saintes femmes, rien n'était plus simple que le moyen que j'employais. Quand je voyais un acquéreur assez entêté pour m'acheter un livre, j'avais bien soin, avant de le lui remettre, d'en détacher quelques pages, que je conservais soigneusement. On ne tardait pas à venir se plaindre de cette lacune, on me rapportait le livre. Je commençais par le prendre, comme si je voulais l'examiner, puis, quand j'en étais en possession, il m'était bien facile d'attirer l'acquéreur dans une pièce écartée, où sans doute l'assistance du bon larron ne m'a pas manqué, car mon bras n'a jamais failli. Ensuite, quand arrivait la nuit, j'attendais l'heure à laquelle tout le monde repose, et, prenant le corps sur mes épaules, je le transportais, suivant mon caprice, tantôt dans un endroit, tantôt dans un autre.

D. — Ainsi votre cœur ne se révoltait pas à l'idée de verser le sang d'une créature faite à l'image de Dieu ?

R. — Les hommes sont mortels. Un peu plus tôt, un peu plus tard, Dieu les rappelle à lui. Mais les bons livres, il faut les conserver. Aussi je me suis toujours empressé de replacer à leur rang les pages que j'avais détachées.

D. — Vous commettiez ces assassinats uniquement pour des livres ?

R. — Des livres ! des livres ! mais que voulez-vous ? *Es la gloria de Dios !* C'est la gloire de Dieu !

D. — Vous êtes aussi l'auteur de la mort d'Augustin Patxot ?

R. — Cela est vrai ; je ne pouvais pas laisser entre ses mains un objet aussi précieux que l'unique exemplaire de l'édition de Lambert Palmart.

D. — Mais comment vous êtes-vous introduit chez lui ?

R. — Je suis entré par le carreau qui est au-dessus de la porte de sa boutique. Il l'avait laissé ouvert, sans doute à cause de la chaleur étouffante qui se faisait sentir à cette époque. Je l'ai surpris dans son premier sommeil, je lui ai passé au cou une corde qui était bien savonnée, et que j'ai serrée à l'aide d'un garrot ; ensuite j'ai pris le livre qu'il m'avait disputé. C'était, après tout, un brave garçon, ce pauvre Patxot, et, quoiqu'il m'en voulût, moi, je n'avais nulle rancune contre lui. Quand il a été mort, j'ai retiré la corde, et j'ai mis le feu à son lit.

D. — Mais vous qui avez pour les livres une si grande vénération, comment avez-vous pu vous résoudre à livrer ainsi aux flammes le magasin d'un libraire ?

R. — D'abord il n'y avait plus rien de bon chez Patxot : j'avais enlevé

tout ce qu'il possédait de précieux,
et il fallait que je misse le feu, car
autrement on se serait infailliblement
aperçu de l'absence d'un ouvrage
comme celui que je prenais. J'aurais
perdu tout le bénéfice de mon entre-
prise. Il fallait qu'on pût croire que
ce qui manquait avait péri dans les
flammes.

D. — Avez-vous laissé l'argent de
Patxot?

R. — Moi, prendre de l'argent!
Est-ce que je suis un voleur ? »

Après ces aveux, la tâche du *fiscal* (procureur) était facile, et il re-
quit que don Vincente fût condamné
à la peine de mort.

Un avocat présenta la défense de
l'accusé. Il soutint que jamais un
homme ne devait être condamné sur
ses simples déclarations ; qu'il peut
se rencontrer des individus aveuglés
par une passion assez violente pour
vouloir mourir et s'accuser de crimes qu'ils n'ont pas commis ; que

leur déclaration seule ne saurait jamais déterminer leur condamnation. Ces principes une fois posés, il soutint qu'il ne restait pas de preuve dans la cause, car les livres trouvés chez Vincente pouvaient provenir d'une autre source que celle qu'on leur attribuait.

Le *fiscal* fit observer qu'on ne connaissait qu'un seul exemplaire du livre imprimé par Lambert Palmart en 1482. Mais l'avocat prouva, en présentant le catalogue de je ne sais quel libraire de Paris, qu'il y avait en France un autre exemplaire de cet ouvrage. Et il en tira la conclusion que, s'il en existait un second, il avait pu s'en trouver un troisième.

Cette défense eut peu de succès, et les *alcaldes* condamnèrent don Vincente à la peine du garrot.

Pendant la plaidoirie de son avocat, Vincente, qui avait jusque-là gardé un calme imperturbable, se mit à pleurer. Alors *l'alcalde gobernador* lui adressa la parole :

« Enfin, Vincente, vous commencez donc à comprendre toute l'étendue de votre faute ?

Vincente. — Ah ! seigneur *alcalde*, mon erreur était grossière !

L'Alcalde. — Il vous est encore possible d'implorer la clémence de notre auguste régente.

Vincente. — Ah ! si vous saviez comme je suis malheureux !

L'Alcalde. — Si la justice humaine doit être inflexible, il est une autre justice dont la clémence est inépuisable, et le repentir est toujours méritoire.

Vincente. — Ah ! seigneur *alcalde*, mon exemplaire n'est pas unique ! »

*
* *

Au lieu de s'emparer d'un ouvrage entier, certains bibliomanes

indélicats procèdent partiellement,
enlèvent un tome ou deux, voire
seulement quelques feuillets d'un
volume, afin de déprécier cet ouvrage. Tel était ce docteur R...,
jadis bien connu et encore plus redouté des libraires de Lyon, et dont
un érudit poète, M. François Fertiault, a chanté les méfaits dans un
sonnet de ses *Légendes du Livre* [1].
Pour obtenir à bon compte des ouvrages de choix composés de plusieurs volumes, ce disciple d'Escu-
lape et de Mercure dérobait un
quelconque de ces volumes, puis,
huit ou quinze jours plus tard, reve-
nait chez le libraire, et marchan-
dait l'ouvrage, « qui est incomplet,
comme vous voyez ! »

> Alors, à prix très bas, il tâche qu'on le cède.
> Pour un dépareillé, bonne affaire ! On accède.

Et voilà le tour joué, et l'ouvrage
recompleté.

1. Pages 91 et 198.

Un autre érudit, dont le nom est cher à tous les amis des livres, Louis Paris, ancien bibliothécaire de la ville de Reims, nous conte ainsi les manèges et stratagèmes d'un de ces terribles « dépareilleurs », en même temps qu'il nous avertit de quelle méfiance doivent être animés tous les possesseurs ou conservateurs de bibliothèques [1].

« J'ai pour habitude de surveiller tous les amateurs qui fréquentent notre bibliothèque, et je m'en trouve bien : je me défie des savants, des artistes, des gens de lettres, des magistrats, et surtout des faiseurs de collections, ou, pour mieux dire, je me défie de tout le monde, et l'homme réputé le plus honnête, je ne le laisserais pas seul cinq minutes.

« Nous avons eu longtemps à Reims un monsieur dont la passion

1. Cf. LAROUSSE, *Grand Dictionn.*, art. Bibliophile.

pour les livres m'était connue ; il possédait une curieuse collection de livres rares et de petits volumes, qui lui avaient peu coûté. Notre homme achetait volontiers les défectueux : cela s'explique, il les payait peu cher et possédait l'art de les mettre au complet. Voici comment il procédait : il entrait chez vous à titre d'ami, visitait votre bibliothèque, parcourait tel ou tel ouvrage, surtout celui dont il avait l'incomplet ; puis, si vous tourniez la tête, zest ! la feuille désirée disparaissait, et notre galant remettait à sa place le volume déshonoré. Quand il s'agissait de ventes publiques, il se présentait dans la journée, pour voir les volumes à vendre le soir : il prenait chaque volume, s'arrêtait au plus précieux, détachait un feuillet avec subtilité, le glissait sous sa redingote, puis disparaissait, pour revenir le soir aux enchères. Le moment de la vente venu, le livre passait sous les yeux des amateurs ; notre homme tombait, comme par hasard, sur l'endroit mutilé, signalait le déchet et dépréciait l'article. « Cependant, disait-il, je le prendrais volontiers tel quel, pour en faire présent à un ami qui le désire.» Et le livre lui était adjugé à vil prix.

« Vous concevez quelles inquiétudes me donnait ce monsieur, quand je le voyais arriver.

« Écoutez, mon cher maître, lui dis-je un jour, quand vous viendrez à la bibliothèque, vous vous mettrez ici, à ma table, tout près de moi ; mon encrier, ma plume, mon papier, tout sera en commun ; car je me sens pris pour vous d'une telle amitié que je ne puis me résoudre à vous perdre un seul instant de vue. »

« Le monsieur comprit le sens de mes paroles, et j'en fus débarrassé. »

Une autre fois. Louis Paris reçut avis de la visite que projetaient de faire à la bibliothèque de Reims un inspecteur de l'Université, M. Béquet, et l'ex-conventionnel Courtois, si fameux par ses escamotages de lettres et de papiers chez Robespierre. C'était précisément le personnage de tout à l'heure, l'arracheur de feuillets et dépareilleur de volumes, qui avait pris soin d'avertir M. Paris et de lui rappeler la fâcheuse réputation d'Edme Courtois.

« Ayez l'œil sur lui, c'est un conseil d'ami que je vous donne, lui avait-il dit ; Courtois est un amateur.... »

M. Paris remercia et se jura bien de se tenir sur ses gardes.

« En effet, dans la journée, on m'annonça ces messieurs, continue-t-il. Avant leur arrivée, j'avais eu le soin de reconnaître mon matériel. J'étais alors à Saint-Remy, mais à la veille de transférer mon matériel à l'hôtel de ville. La plupart de mes livres se trouvaient, par ordre de format, déposés sur le parquet. Je savais, à ne pas m'y tromper, la place de chacun de mes volumes. Ces messieurs sont introduits, ils font le tour de ma galerie, examinent les travées, puis me questionnent sur nos richesses, nos raretés.

« Avez-vous, me dit M. Béquet, beaucoup d'imprimés du quinzième siècle ? — Quelques-uns, » dis-je, et je les conduisis au rayon.

« Mais déjà l'un d'eux manquait, et ce n'était pas le moins précieux, un *Lucius Anneus Florus*, mince in-quarto du plus haut prix.

« Je ne fis pas semblant de remarquer l'alibi ; on admira mon *Homère*, de 1488, mon *Sabellicus* de 1489, ma *Bible* de 1482, et quelques autres. J'affectai de ne point parler de mon *Anneus Florus*, puis je reconduisis mes hôtes jusqu'au vestibule. Mais là, je donnai un tour à la serrure de la porte ; puis, mettant la clef dans ma poche, je me rapprochai de mes visiteurs.

« Messieurs, dis-je, vous a-t-on dit quel homme j'étais ? Non. Eh bien ! je vais vous le confesser. J'ai le malheur d'être défiant, soupçonneux, de ne croire à la probité de personne, en fait de livres, bien entendu ; et tenez, dans ce moment-ci, je suis bien à plaindre : j'ai l'affreuse conviction que l'un de nous trois est un voleur. O mon Dieu, mon Dieu, pardonnez-moi cette idée ! Après tout, c'est peut-être moi.... Voyons, fouillez ! Vous ne voulez pas ? Tenez, voici mes poches, celles de devant, celles de derrière, celles... Je suis un honnête homme. A vous, monsieur l'inspecteur.

« — Qu'à cela ne tienne, monsieur le bibliothécaire, dit M. Béquet.

« Et il se laissa fouiller.

« Tout en vidant les poches de l'inspecteur, j'avais l'œil sur Courtois. Celui-ci se retournait, grimaçait, toussait, se penchait.

« Ne bougez pas, monsieur Courtois, ne bougez pas, votre tour viendra !

« — Allons ! dit notre voleur, quel diable d'homme voilà ! Je vois bien qu'il faut restituer !

« Et il jeta le volume sur la table.

« — Voici votre *Florus*. Que n'avez-vous défendu de même votre *Concile de Trente* ! François de Neufchâteau n'en aurait pas fait trophée auprès du premier consul. »

A propos des prodiges de méfiance dont font preuve envers leurs visiteurs certains bibliothécaires ou de passionnés bibliophiles, on cite le typique exemple d'un collectionneur de la Haye, possesseur de la plus riche bibliothèque connue d'elzeviers. Cet insolent et impitoyable cerbère contraignait ses amis, même les plus intimes et les meilleurs, désireux de contempler ses microscopiques trésors, à l'humiliante obligation de « revêtir, par-dessus leur habit, une grande robe sans manches et sans ouvertures pour laisser passer les bras [1] ».

1. EDMOND TEXIER, *ap.* MOURAVIT, *loc. cit.*, p. 266.

II

Vols de livres par amour de l'argent : —
Pierre de Carcavi ; — Jean Aymon ; —
Libri ; — Harmand ; — Etc. — Vols
dans les bibliothèques publiques ; — Singulière précaution d'un bibliothécaire
anglais.

Mais ce n'est pas seulement pour
les enfouir dans leurs vitrines, les
contempler et les savourer, que les
amateurs font main basse sur les
volumes à leur portée et à leur convenance, c'est aussi pour en trafiquer. Ce trafic — du moins pour les
ouvrages de choix et les raretés bibliographiques — a toujours été
lucratif, au contraire des volumes
de librairie courante, qui se vendent
à très bas prix et quasiment pour
rien.

Dès le moyen âge, nous voyons

clercs et laïques s'entourer de précautions pour sauvegarder leurs livres.

L'abbé Loup de Ferrières, l'ami
d'Eginhard et le plus attique des
écrivains de la France du ixe siècle,
s'excuse auprès de l'archevêque de
Reims, Hincmar, de n'avoir pu lui
envoyer un ouvrage de Bède, « livre
si volumineux, dit-il, qu'il ne peut
être caché ni dans le sein, ni dans la
besace. Et, quand l'une ou l'autre de
ces choses serait possible, il eût été
exposé à la rencontre funeste d'une
troupe de méchants, que la beauté du
manuscrit aurait pu tenter, et ainsi
il eût été perdu peut-être pour vous
et pour moi [1]. »

« On concevra, en effet, d'après le
fait suivant rapporté par Mabillon
dans ses *Analecta*, note l'érudit auteur des *Curiosités bibliographiques*,
Ludovic Lalanne [2], que la valeur des

1. LUDOVIC LALANNE, *loc. cit.*, p. 39.
2. *Loc. cit.*, pp. 39-40.

manuscrits pût tenter la cupidité des voleurs : Grécie, comtesse d'Anjou, au xie siècle, acheta un recueil des *Homélies* d'Haimon d'Halberstadt pour deux cents brebis, un muid de froment, un autre de seigle, un troisième de millet et un certain nombre de peaux de martre.

« Les propriétaires de manuscrits, pour tâcher de défendre leur bien, avaient recours à des moyens qui devaient être d'une efficacité fort douteuse. L'*Alexandrian Codex* (Ancien et Nouveau Testament), manuscrit du ive siècle, conservé au British Museum, porte cette inscription : « Ce livre est dédié à la chambre « patriarcale de la ville d'Alexan- « drie. Celui qui s'en emparerait « sera excommunié et exclu de « l'église et de la communion. — « Athanase l'Humble. »

« Au xie siècle, Robert, archevêque de Cantorbéry, donna au monastère de cette ville un *Rituel*

(*Sacramentary*), à la fin duquel on lisait : « Si quelqu'un dérobe ce livre « par la force, par fraude ou de « quelque autre manière, puisse son « méfait causer la perdition de son « âme ; qu'il soit rayé du livre de « vie, et que son nom ne soit pas « écrit parmi ceux des justes. »

« Dans un manuscrit de 1072, qu'on voit au mont Cassin, une note se termine ainsi : « Si quelqu'un essaye de « s'emparer de ce livre, sous quel- « que prétexte que ce soit, qu'il « puisse être, au jour du jugement, « avec ceux qui seront brûlés par le « feu éternel. »

On trouve aussi cette phrase dans un manuscrit qui date de 1250 environ et qui contient les Proverbes, l'Ecclésiaste, le Cantique et la Sagesse : « Ce livre appartient au monastère « de Rochester : si quelqu'un l'en- « lève et le cache, qu'il soit anathème. « *Amen* [1]. »

1. LUDOVIC LALANNE, *loc. cit.*, p. 40.

Dans un autre couvent, le prieur et les moines déclarent « qu'ils prononceront chaque année l'excommunication contre celui qui aurait détourné un exemplaire de la *Physique* d'Aristote, ou seulement altéré le titre [1] ».

Ludovic Lalanne ajoute que, dans la bibliothèque du Vatican, la plus ancienne de l'Europe, on voit encore, placé sur une table de marbre, dans la salle de lecture, « le décret où Sixte-Quint excommunie tout homme qui ferait sortir un seul volume de la bibliothèque, sans la permission autographe du pape [2] ».

Une des premières *fuites* commises dans notre Bibliothèque nationale est attribuée à Pierre de Carcavi, que

1. Ludovic Lalanne, *loc. cit.*, p. 40.
2. *Loc. cit.*, p. 190.

Colbert avait nommé « gardien de la Bibliothèque du Roi ». C'était aux *doubles* que s'en prenait de préférence cet infidèle dépositaire ; il s'en défaisait sans doute plus ou moins avantageusement ; toujours est-il qu'on trouva en fort mauvais état les collections à lui confiées et qu'on ne put savoir où étaient passés les seconds exemplaires de nombre d'ouvrages. Remercié au commencement de janvier 1684, Carcavi mourut dans le courant de cette même année [1].

Un de ses plus proches successeurs et qui avait été son employé, son copiste, Nicolas Clément, fut victime des perfides manœuvres d'un prêtre renégat et insigne flibustier, nommé Jean Aymon, véritable ancêtre des Libri et des Harmand, dont nous parlerons plus loin.

Né en 1661 dans le Dauphiné, Jean

1. Cf. *Intermédiaire des chercheurs et curieux*, 25 août 1890, col. **486**.

Aymon, après de bonnes études au collège de Grenoble, était parti pour Turin, puis pour Rome, où un évêque de Saint-Jean-de-Maurienne, Hercule de Berzet, l'avait fait admettre dans les ordres. Aymon n'avait alors que vingt-trois ans, c'est-à-dire qu'il n'avait pas encore atteint l'âge canonique déterminé par le concile de Trente, et, pour son ordination, un bref du pape avait été nécessaire. Dans ce bref, Innocent XI rendait hommage aux bonnes mœurs et aux mérites divers du postulant : *Vitæ ac morum honestas, aliaque laudabilia probitatis et virtutum merita !*

Toujours patronné par Mgr de Berzet, Jean Aymon assista à tant de vilenies et d'infamies, de hontes et de crimes de toutes sortes, commis dans l'entourage du Saint-Père, qu'un beau matin le cœur lui manqua et la foi aussi. Il se rend en Suisse, s'abouche avec les docteurs de l'Église réformée et se fait admet-

tre dans la communion protestante.
Il va ensuite remplir en Hollande
les fonctions de ministre. Là, il se
marie. Mais, à peine marié, il sent
les plus cuisants remords l'envahir ;
il quitte sa femme, dit également
adieu au protestantisme, et demande
à rentrer dans la religion de ses
pères, et aussi dans son pays natal,
en France, d'où l'excluait sa récente
qualité de huguenot.

C'est à Nicolas Clément, garde de
la Bibliothèque du Roi, qu'il adressa
cette dernière supplique, en même
temps qu'il lui proposait l'achat d'un
herbier en quarante volumes in-folio,
l'herbier du célèbre Paul Hermann,
qu'il s'offrait à céder au prix coûtant.

Clément communiqua cette lettre
au surintendant du Jardin Royal,
Fagon, qui consulta Tournefort, et
tous deux furent d'avis de rejeter
cette proposition d'achat. Quel mauvais démon poussa Clément à ne pas
s'en tenir là et à prêter l'oreille aux

projets, confidences et doléances du défroqué Jean Aymon, qui ne parlait plus maintenant que de se renfroquer? Il avait, contait-il, des secrets d'État à confier aux ministres, un gros livre à écrire contre l'esprit républicain des réfugiés protestants.

«... J'ai de quoi faire là-dessus un manifeste rempli de preuves si authentiques et en si grand nombre que, si je le mettais au jour, comme je l'ai projeté, non seulement il serait propre à détourner tous ceux qui pensent à sortir de l'Église romaine, mais encore à faire abandonner le parti de la Réforme à tous ceux qui ne sont pas aveuglés par leurs passions.... »

Mais, pour rédiger et publier ce manifeste, il fallait quitter la Hollande, où l'auteur n'aurait pas été en sûreté, et venir en France.

Clément, « le bon monsieur Clément », comme on l'appelait, consulta plusieurs abbés de ses amis,

entre autres l'abbé Bidal, qui avait
rempli les fonctions d'envoyé de
France à Hambourg pour les affaires
de religion et qui connaissait Aymon.
L'abbé Bidal estima qu'il y aurait
quelque gloire à détacher du calvi-
nisme un homme de cette importance ; il le dit à Clément, qui alla le
répéter au ministre Pontchartrain,
qui en informa le roi. « Tandis qu'on
massacrait dans les Cévennes les
calvinistes persévérants, — remarque Barthélemy Hauréau, qui a con-
sacré à cette affaire un des meilleurs chapitres de ses *Singularités
historiques et littéraires* [1], et dont
nous résumons le travail, — on faisait publiquement marché des cons-
ciences faciles. Que voulait ce réfugié de la Haye ? Un passe-port. Le
roi lui fit écrire qu'il en trouverait
un chez M. de Bagnols, intendant

1. Pages 286-324. Cf. aussi Léopold
Delisle, *le Cabinet des manuscrits*, t. I,
pp. 329-332; et Dr Hoefer, *Nouvelle Bio-
graphie générale*, art. Clément (Nicolas).

des troupes de France à Bruxelles. »

Au mois d'avril 1706, Aymon arrivait à Paris, et sa première visite était pour l'hôtel de la Bibliothèque, rue Vivienne. Il s'empressait de venir remercier Clément de ses bons offices, et de lui fournir des preuves de sa conversion et de sa sincérité. Étranges preuves !

Certes, le passé de Jean Aymon, ses incessantes pérégrinations, son esprit pointilleux, son caractère sournois et batailleur, ses nombreuses volte-face surtout ne prévenaient guère en sa faveur : Nicolas Clément se le disait bien. Néanmoins, avec sa débonnaireté coutumière, il fit au nouveau converti un accueil cordial, trop encourageant, et accepta ou s'offrit même de le conduire à Versailles chez M. de Pontchartrain. Aymon remit à ce ministre deux mémoires, l'un traitant de matières religieuses, où il signalait les ministres réfugiés comme livrés « à tous les désordres d'un libertinage scandaleux », comme coupables des « plus grands crimes » et des « plus énormes attentats » ; l'autre relatif aux affaires politiques, et, en particulier, à l'état de guerre existant alors entre la France et la Hollande.

Le ministre traita de rêveries les révélations politiques du sieur Aymon, et renvoya l'autre mémoire, celui qui concernait la religion, au cardinal de Noailles, archevêque de Paris.

Ce fut encore le bon Clément qui présenta Aymon à ce prélat, et, dans cette entrevue, il rappela tout ce que son protégé avait abandonné pour donner satisfaction à sa conscience : pension viagère, gratifications annuelles, traitement de 400 écus environ, comme professeur de mathématiques, etc. L'archevêque promit de le recommander à la générosité du roi, et, en attendant, confiant dans le succès des libelles qu'Aymon

JACQUES FRANÇOIS QUILLAU,
LIBRAIRE,
Rue Christine, Faubourg S. Germain.
Vend, Loue et Achête des
Livres tant anciens que
Nouveaux sur toutes
sortes de Matieres.
A PARIS.

allait décocher au protestantisme, il invita Clément à l'admettre dans la Bibliothèque et à lui communiquer tous les ouvrages dont il aurait besoin pour l'exécution de son pieux dessein, ce qui fut accordé sans difficulté.

Voilà le loup dans la bergerie.

Aymon, dès qu'il avait rempli ses nouveaux devoirs de fervent chrétien, accourait rue Vivienne et feuilletait tous les manuscrits où il supposait devoir découvrir des arguments contre l'hérésie ; et comme Clément était souvent retenu par les exigences de sa charge et quelquefois même appelé par elles au dehors, il ne pouvait pas toujours accompagner notre zélé travailleur ni même le faire assidûment surveiller.

Cependant Aymon, qui ne touchait pas assez vite à son gré le prix de sa conversion et de sa trahison, finit par perdre patience. On l'entendait fréquemment médire du roi et de ses ministres, leur reprocher avec violence de manquer de parole envers lui. Ces plaintes indiscrètes et de plus en plus véhémentes gênaient beaucoup Clément, et quand Aymon cessa tout d'un coup ses visites à la Bibliothèque, il s'applaudit de cette disparition. Tant mieux! Il était donc débarrassé de ce remuant et exigeant personnage!

Courte fut sa joie.

Un matin Clément reçut communication d'un document ainsi conçu, adressé au gouvernement, et émanant d'un agent français, en résidence à la Haye :

« *Mémoire pour s'informer*. — On demande des nouvelles d'un nommé Aymon, qui dit avoir été aumônier de M. le cardinal Le Camus et protonotaire apostolique. Après avoir demeuré quelque temps à la Haye, où il étoit venu de Suisse, et où il avoit embrassé la religion prétendue réformée, il disparut, et, quel-

que temps après, on sceut qu'il étoit
à Paris. On sceut même qu'il y avoit
porté un Alcoran arabe, manuscrit,
qu'il avoit dérobé à un libraire de la
Haye. Il est de retour depuis quelque
temps, chargé, à ce qu'il dit, de dépouilles ; on pourroit mieux dire de
vols, qu'il doit avoir faits à Paris, où
il a passé cinq ou six mois assez
publiquement. Ce qui surprend
beaucoup, ayant été prêtre, disant la
messe, s'étant marié, et l'étant encore à présent. Il dit qu'il a paru à
Paris en qualité de prosélyte ré-
formé, devenu ministre. Il a veu,
dit-il, publiquement M. le cardinal
de Noailles devant une assemblée de
quatre-vingts prélats, où il a, dit-il,
été reconnu et salué pour ministre.
Il a apporté le *Dernier Concile de
Jérusalem tenu par les Grecs au sujet de la transsubstantiation*, et d'autres pièces qu'on croit qu'il a déro-
bées dans la Bibliothèque du Roi.
C'est un homme qui a de puissants

patrons dans ce pays.... Le 10 mars 1707. »

Comment ! Le *Concile de Jérusalem*, un des plus précieux manuscrits de la Bibliothèque, on le signalait à la Haye, dans les mains d'Aymon ? Clément s'empressa de courir à l'armoire réservée où devait se trouver, sous clef, l'inestimable trésor : il avait bien disparu, et un autre volume, le tome premier des lettres originales de Visconti, manquait également à l'appel.

Aussitôt Clément écrit à la Haye et s'occupe de réclamer par les voies judiciaires les deux volumes dérobés.

La preuve du vol était manifeste ; mais il n'y avait pas là de quoi confondre un impudent comme Aymon. A l'accusation de Clément il répondit par une contre-accusation : la Bibliothèque du Roi et les agents français conspiraient pour le voler, lui, Aymon, le dépouiller de son bien. « La Bibliothèque du Roi n'a jamais possédé le *Concile de Jérusalem.* » Ce manuscrit, Aymon le tient indirectement d'un religieux bénédictin de la congrégation de Saint-Maur, qui l'a livré « à un ami courageux de la vérité ». Cet ami, on a promis de ne pas le nommer, et on ne le nommera pas, on ne trahira pas la foi jurée. Du reste, il n'y a là-dessous qu'une querelle religieuse, une lâche vengeance contre un fidèle calviniste, qui s'était rendu à Paris et en est revenu tout exprès pour démasquer les sottises et les infamies des papistes, etc.

Mais, ainsi que l'annonçait le mémoire de l'agent français à la Haye, Aymon ne s'en était pas tenu au vol de ces deux livres, et il avait emporté avec lui bien d'autres « dépouilles ». Les *Lettres italiennes écrites par Prospero Santa-Croce,* *l'Ambassade de l'évêque d'Angoulême à Rome, les Entretiens fami-*

liers de Confucius, les Évangiles, en lettres onciales, volume in-8 de la plus haute antiquité, les *Épîtres de saint Paul,* en lettres majuscules, in-folio, sur vélin, etc., ne se retrouvaient plus sur les rayons de la Bibliothèque royale et étaient peu à peu signalés comme étant entre les mains d'Aymon.

Pour confondre ce misérable, Clément demanda à envoyer à la Haye les lettres qu'il avait reçues de lui ; mais le secrétaire d'État des Affaires étrangères, M. de Torcy, défend de se dessaisir de ces originaux : il suffit, dit-il, d'expédier des copies collationnées. Qui s'aviserait de suspecter la loyauté de l'administration française ? Les copies produites, Aymon jure que ce sont des pièces fabriquées, et, avec son cynisme habituel, d'accusé, le voilà qui se fait derechef accusateur.

M. de Torcy ne voulut pas descendre jusqu'à se justifier, et les juges de la Haye donnèrent gain de cause à Aymon.

Nicolas Clément ne put supporter cet affront. Ayant épuisé toutes ses forces à rédiger des mémoires, à dicter des lettres, à maudire ce fripon qui était venu tromper sa vigilance et compromettre près de cinquante années de loyaux services, il tomba malade et alla prendre les eaux d'Aix, pendant que M. de Torcy continuait les poursuites. Enfin, en 1709, après de longues négociations les États de Hollande, redoutant de passer pour complices d'Aymon et des juges qui avaient osé l'absoudre, restituèrent à la France le manuscrit du *Concile de Jérusalem*. Clément éprouva sans doute une grande joie en revoyant le précieux volume; mais sa santé ne se rétablit pas, et, malgré de fréquents voyages aux eaux d'Aix, il mourut le 16 janvier 1712, âgé de soixante-quatre ou de soixante-cinq ans, des suites d'une hydropisie de poitrine. En réalité, on peut dire, et on a dit souvent, en effet, qu'il était mort de douleur de la perte de ses livres, et que c'était Aymon qui l'avait tué.

Ajoutons que, malgré les démarches et le zèle de plusieurs des successeurs de Nicolas Clément à la Bibliothèque royale, de l'abbé Bignon, entre autres, la plupart des manuscrits et volumes soustraits par Jean Aymon furent définitivement perdus pour nous.

*
* *

Libri! Voilà un nom prédestiné, et, entre tous les voleurs de livres, aucun, pas même Vincente, le libraire assassin de Barcelone, n'a fait autant de bruit ni laissé un souvenir aussi persistant. Cette infamante renommée est due à plusieurs causes : d'abord, par suite de son extrême habileté, de ses prodigieuses roueries, grâce aussi à diverses circonstances propices, Libri ne cessa d'avoir, au moins durant dix ou quinze ans, de très illustres et très zélés défenseurs ; il a été soutenu par les érudits les plus compétents et les plus autorisés : Gustave Brunet, Laboulaye, Achille Jubinal, Paulin Paris, Paul Lacroix, Guizot, Victor Leclerc, Alfred de Vailly, Mérimée surtout ; en second lieu, ses vols ont été considérables, et, s'il était possible d'évaluer pécuniairement les trésors qu'il nous a ravis, c'est par millions qu'il faudrait compter.

Libri a été un dilapidateur de notre patrimoine national, un des pires malfaiteurs publics. Et, circonstance aggravante, tandis que Vincente volait des livres par amour pour eux, pour ne pas s'en séparer, pour avoir la joie de les feuilleter, de les manier, de les contempler, d'en repaître ses yeux et son esprit, Libri, lui, n'a eu d'autre but que de trafiquer de ses larcins, vendre manuscrits, incunables et autographes au meilleur taux possible : il aurait aussi bien escamoté des bank-notes ou fait main basse sur un rouleau d'or ; il n'a été qu'un vulgaire escroc.

Né à Florence le 2 janvier 1803, Guillaume-Brutus-Timoléon Libri-Carrucci descendait du poète Feo della Sommaia, ami de Pétrarque et de Boccace, qui, par affection pour les livres, se fit appeler Libri della Sommaia : de là l'origine de ce nom de Libri [1]. Le père de *Gugliemo* Libri fut condamné à Lyon, en 1816, à dix ans de travaux forcés et à la marque pour crime de faux en effets de commerce. En 1830, à vingt-sept

1. Cf. Dr HOEFER, *loc. cit.*, art. Libri ; — *Grande Encyclopédie* ; — etc.

ans, Libri, compromis dans des conspirations politiques, fut contraint de quitter l'Italie et vint se réfugier en France. Il avait déjà publié plusieurs ouvrages scientifiques et occupé une chaire à l'Université de Pise. C'était un savant d'un réel mérite, un très remarquable mathématicien ; mais c'était surtout un très habile compère, un enjôleur *di primo cartello.*

Protégé par Arago, il fit un chemin étonnamment rapide et dont voici quelques étapes : en 1832, il obtient la suppléance de la chaire de Biot au Collège de France ; naturalisé Français en 1833, il est élu membre de l'Institut le 28 mai de la même année ; nous le trouvons l'année suivante professeur à la Faculté des sciences de Paris et chevalier de la Légion d'honneur ; puis, en 1838, rédacteur au *Journal des Savants* ; en 1843, professeur en titre au Collège de France, chargé même, paraît-il,

des fonctions d'inspecteur général
de l'instruction publique ; etc.

Il n'y a que les étrangers pour se
faire aussi bien venir chez nous ; c'est
affaire à eux vraiment [1] !

Une ordonnance du 3 août 1841

1. Nous ne cessons de nous dénigrer
nous-mêmes et de prôner et favoriser tant
et plus les voisins. Nombre d'entre
nous affectent de mépriser notre littérature et de porter aux nues Tolstoï, Ibsen,
Bjœrnstjerne Bjœrnson. Nietzsche. etc. ;
d'autres prétendent qu'on ne s'habille
bien que chez les tailleurs anglais, et
qu'on ne blanchit le linge proprement
qu'à Londres. A en croire quantité de
Français, la France n'est bonne à rien.
Et la remarque ne date pas d'hier : « Les
Français ont toujours eu cela de bon
(entre autres mauvaises graces) de pres-
ter plus voulentiers audience et faveur
aux estrangers qu'aux leurs propres. »
(BONAVENTURE DES PERIERS, *Nouvelles
Récréations*, Nouv. 88, p. 222. Paris, De-
lahays, 1858.) « Nous nous chargeons volontiers (en France) d'être nos propres
mépriseurs.... Le mot de Philibert De-
lorme, qui s'en plaignait amèrement en
son temps. est juste encore : « Le naturel
du Français, disait-il. est de priser beaucoup plus les artisans et artifices des na-
tions étranges que ceux de sa patrie, bien
qu'ils soient très ingénieux et excellents.»
(SAINTE-BEUVE, *Nouveaux Lundis*, t. VII,
p. 185.)

ayant prescrit la rédaction et la publication d'un « Catalogue général
et détaillé de tous les manuscrits, en
langues anciennes et modernes. ac-
tuellement existant dans les bibliothèques publiques des départe-
ments », Libri fut nommé secrétaire
de la Commission chargée d'élabo-
rer ce catalogue. C'était lui donner
implicitement le droit de pénétrer
dans toutes les bibliothèques muni-
cipales de France. Il avait déjà ex-
ploré Paris et ses plus riches collections : la Bibliothèque royale, la
Mazarine, l'Arsenal, l'Institut, etc.,
de même qu'avant de venir en
France, il s'était déjà essayé en Italie
et avait pratiqué de nombreuses sai-
gnées dans les collections de Florence et de Pise. En province, presque partout, le meilleur accueil lui
fut fait ; les maires ou les bibliothécaires, rassurés, sinon éblouis, par
tous les titres officiels de « Monsieur
le Secrétaire » ou de « Monsieur l'Ins-

pecteur général », l'admirent dans leurs dépôts et l'autorisèrent à y travailler à sa guise, nuit et jour, et sans surveillance. Seul, le conservateur de la bibliothèque d'Auxerre, sans pour cela témoigner de la méfiance à un aussi éminent fonctionnaire, procéda selon les règles et prudemment : il octroya bien l'autorisation demandée de travailler la nuit dans son établissement, mais un gardien dut rester auprès du visiteur pour le seconder dans ses recherches, entretenir le feu, et veiller à ce que tout se passât normalement.

Aussi, seule, la bibliothèque d'Auxerre n'eut pas à subir les ravages de ce vandale ; toutes les autres, celle de Dijon, celle de Lyon, de Grenoble, de Carpentras, de Montpellier, Poitiers, Tours, Orléans, furent pillées. Libri profitait non seulement de la confiance qu'on avait en lui, mais aussi, il faut bien le reconnaître, de l'incurie et de l'ignorance des bibliothécaires, pour puiser dans leurs collections, et il masquait ses détournements par de fausses in-dications sur les catalogues ou sur les étiquettes des volumes. A Tours particulièrement, où un bibliothé-caire adjoint, nommé Seytre, ayant commis des soustractions au préju-dice de la bibliothèque municipale, fut condamné en 1843 à deux ans de prison, il s'en donna à cœur joie, et plus tard mit tout naturellement ou essaya de mettre sur le dos de ce premier coupable ses nombreux lar-cins.

Avant de se défaire des manus-crits ainsi dérobés, Libri avait soin de les « maquiller » ; il y opérait des grattages, y ajoutait des anno-tations destinées à attribuer ces vo-lumes à d'anciens prétendus posses-seurs, il modifiait les reliures, etc.

Mais tout a une fin ici-bas. Les premières dénonciations, lancées en 1846, restèrent sans effet : on ne pouvait croire qu'un aussi puissant personnage fût coupable de telles indélicatesses. Un an plus tard, au cours même d'une vente d'ouvrages des plus rares à laquelle Libri faisait procéder, et qui s'éleva à plus de 100.000 francs, d'autres dénonciations, plus précises et plus pressantes, se produisirent, et M. Boucly, procureur du roi près le tribunal de la Seine, fut chargé de procéder à une discrète enquête.

Grâce à M. Guizot, président du Conseil des ministres, intime ami de Libri et témoin de son mariage, dit-on [1], l'affaire allait encore être étouffée, lorsque la Révolution de 1848 éclata. Le rapport de M. Boucly, communiqué par le garde des sceaux à M. Guizot, fut trouvé dans le cabinet de celui-ci ; informé de cette découverte le 28 février, durant une séance de l'Académie des

1. Cf. *Intermédiaire des chercheurs et curieux*, 25 janvier 1884, col. 39-40.

sciences, Libri eut le temps de se sauver, et gagna l'Angleterre, en se faisant suivre de dix-huit caisses de livres, assurées pour une somme de 25 000 francs.

Réfugié à Londres avec sa femme, Libri, qui fut condamné par contumace à dix années de réclusion, à la dégradation et à la perte de ses emplois publics, ne cessa de protester contre cette sentence. Il s'obstinait à l'attribuer à des vengeances politiques, quoique l'instruction dirigée contre lui fût antérieure, ainsi qu'on le lui faisait judicieusement observer, à la chute du gouvernement de Louis-Philippe.

Tout le public, et notamment le clan des bibliophiles, s'émut de cette affaire, s'en passionna. Libri, malgré sa condamnation, conservait, comme nous l'avons dit, de nombreux et très notables partisans. Lorsqu'en 1861, Mme Mélanie Libri, qui était la sœur du baron Double, adressa une pétition au Sénat et tenta de mettre en mouvement ses hautes influences pour faire casser le jugement prononcé contre son mari, le procureur général Dupin, si enclin à de mordants jeux de mots, ne manqua pas d'en décocher un à l'adresse des champions de cet écumeur de bibliothèques :

« Dans cette affaire Libri, il y a des gens qui agissent vraiment avec une légèreté de... colibri ! »

M. Léopold Delisle, l'éminent administrateur de notre Bibliothèque nationale, a clairement et péremptoirement démontré la culpabilité de Libri. Lord Ashburnham, dont le père avait acheté quantité des ouvrages volés, en eut spécialement la preuve en 1880, à propos d'un manuscrit mutilé, d'une insigne rareté, le *Pentateuque* de Lyon. M. Léopold Delisle lui démontra qu'en 1837 ce manuscrit était encore intact, à Lyon : — un livre allemand, publié à cette époque, en faisait foi ; — que la mutilation n'avait donc pu être commise qu'après cette date ; et il offrit de faire trancher le différend par des arbitres anglais des plus compétents . Lord Ashburnham , sans attendre cet arbitrage, dut s'incliner devant cette formelle dé‑monstration, et il remit à notre am‑bassadeur à Londres, M. Léon Say, les fragments du précieux *Pentateu‑que*.

« Les félicitations qui furent adres‑sées de toutes parts à l'auteur d'un pareil acte de libéralité ne le déci‑dèrent pas à répéter l'expérience sur d'autres manuscrits de sa biblio‑thèque, ajoute M. Léopold Delisle, dans la magistrale préface qu'il a écrite pour le *Cataloguedes Manus‑crits des Fonds Libri et Barrois* [1].

1. Paris, Champion, 1888. In-8, 330 pp. La préface, qui comprend xcvi pages, est un des meilleurs résumés qu'on puisse consulter sur l'affaire Libri.

Il craignait apparemment d'être, suivant sa propre expression, converti à mes idées, ce qui l'aurait obligé à renvoyer en France beaucoup de manuscrits. »

La plupart de ces magnifiques ouvrages qui remplissaient les caisses de l'aventurier italien sont encore hors de France ; ils sont allés enrichir les dépôts de l'Angleterre, de l'Italie, de l'Allemagne, de l'Amérique. Quelques-uns seulement, des plus précieux, il est vrai, ont été rachetés en 1888 par les soins de M. Léopold Delisle, aux frais du gouvernement français.

Guillaume Libri, qui avait regagné son pays natal et était tombé dans une misère noire, est mort à Fiesole, près de Florence, le 28 septembre 1869.

Au nom de Libri se trouve fatalement attaché le nom de Joseph Barrois, ancien député du département du Nord, décédé en 1855, qui fut,

non, à proprement parler, un voleur
de livres, mais un recéleur et un tra-
fiquant de livres volés. Après avoir
acheté à Libri quantité de manuscrits effrontément dérobés à la Bibliothèque royale, Joseph Barrois a mutilé et rendu méconnaissables ces
manuscrits et les a clandestinement
fait sortir de France, vendus, encore
à lord Ashburnham, en 1849, au moment même où se jugeait le procès
Libri [1].

Ajoutons qu'une vengeance de
Libri aurait, a-t-on prétendu, d'ailleurs sans preuves [2], donné nais-
sance à la cruelle mystification dont
fut victime, il y a quelque quarante

1. Cf. Léopold Delisle, *loc. cit.*, p.
XXXVIII, et *Grande Encyclopédie*, art.
Ashburnham. — Lord Ashburnham n'a,
paraît-il, connu la provenance des livres
de Libri et de ceux de Barrois qu'après
les avoir achetés ; mais, l'acquisition faite
et la provenance connue, il les a gardés
en toute sérénité de conscience, et son
fils en a trafiqué « au mieux de ses in-
térêts ».
2. Cf. *Grande Encyclopédie*, art. Libri.

ans, le mathématicien Michel Chas-
les. Ce serait Libri qui, pour le
punir de lui avoir, après sa condamnation et sa déchéance, pris sa place
à l'Institut, lui aurait dépêché le
faussaire Vrain-Lucas avec sa miri-
fique collection d'autographes, lettres de Pythagore, de Néron, de
Marie-Madeleine, de Cléopâtre, de
Jules César, etc., sans compter les
notes de Pascal et les fragments de
Galilée, qui réjouirent si fort la galerie et clôturèrent la discussion en
1869.

La bibliothèque de Troyes, qui
avait, à deux reprises différentes, été
visitée par Libri, vers 1840, eut la
malchance de tomber peu après sous
la coupe d'un autre maître filou,
Auguste Harmand, nommé, en 1842,
bibliothécaire de la ville de Troyes.
Harmand, qui avait vu Libri à l'œu-

vre, et très bien remarqué « qu'il avait toujours un gros portefeuille sous le bras et une grande redingote qui lui servait à cacher les livres qu'il prenait, pendant que, sous un prétexte ou un autre, il envoyait le gardien faire des recherches dans la bibliothèque [1] », profita on ne peut mieux de ces observations et de tels enseignements. Pendant trente ans, il put agir et piller à sa guise dans l'établissement confié à ses soins, et les ravages qu'il y exerça excèdent toute estimation.

Dénoncé par le concierge de la mairie, qui avait surpris les enlèvements de livres clandestinement opérés par Harmand et son complice, le libraire Duféy, Harmand fut condamné à quatre ans de prison. A l'exemple de Libri, il tenta de se faire passer pour une victime des

1. *Affaire Harmand, ex-bibliothécaire de la ville de Troyes.* Troyes, Alexis Socard, 1873. In-8, pp. 115-116.

fluctuations politiques, et attribua les poursuites exercées contre lui à des inimitiés personnelles, spécialement à la rancune du susdit concierge et à celle d'un ancien maire de Troyes : pas mieux que son émule et devancier, il ne réussit à donner le change à ses juges.

Un bien curieux détail a été révélé dans le cours du procès. Harmand avait pris soin de faire disparaître du catalogue l'inscription des livres qu'il dérobait, en sorte que les experts, MM. Ludovic Lalanne et Anatole de Montaiglon, ne trouvaient aucune trace de ces livres, et que leur tâche devenait presque impossible. Une découverte, qu'on peut qualifier de providentielle, leur permit de reconstituer une ample partie du catalogue authentique et de constater, d'une manière irréfutable, maintes des soustractions opérées.

C'était d'après des fiches mobiles que le catalogue avait été originai-

rement établi, et, ce travail fait, ces
fiches avaient été reléguées au grenier. Pendant de longues années, les
souris, qui abondaient sous ces combles, avaient eu loisir de grignoter
ces paperasses et ne s'en étaient pas
privées ; si bien que des sections
entières du catalogue, les *Beaux-
Arts* et les *Belles-Lettres*, par exemple, étaient réduites en miettes et
anéanties. En revanche, d'autres
sections, comme la *Théologie* et
l'*Histoire*, dont les fiches se trouvaient dans un autre coin du grenier,
sous une soupente, étaient demeurées
intactes : ce sont elles qui permirent
aux experts de rétablir, pour ces sections du moins, le catalogue dans
son intégralité. Mais d'où provenait
cette différence dans l'état des fiches ?
Qui avait si bien défendu ces deux
derniers lots contre les envahisse-
ments et méfaits de la gent souri-
quoise ? Un hibou, qui s'était glissé
sous les tuiles de la soupente et y

avait depuis longtemps élu domicile, prenant ainsi l'*Histoire* et la *Théologie* sous sa protection [1].

*
**

Les soustractions commises dans les bibliothèques publiques par ceux à qui la garde en est confiée sont d'ailleurs très difficiles, et, par suite, relativement très rares. Le conservateur a toujours auprès de lui quelque aide, des sous-ordres, dont il lui faudrait tromper continûment la vigilance ou bien acheter la complicité, deux hypothèses également périlleuses.

Les larcins opérés par les lecteurs admis dans ces établissements sont aussi des moins aisés et fort peu fréquents, eu égard au nombre de ces lecteurs. Partout les plus minutieuses

1. Cf. *le Gaulois*, *in* le journal *le Voleur*, 21 février 1873, p. 125.

précautions sont prises pour décourager et évincer les voleurs.

Tout ouvrage qui prend place dans une bibliothèque publique, quel qu'il soit et quelle que soit sa provenance, qu'il arrive par voie d'achat, de don ou d'échange, est, aussitôt reçu, inscrit sur le registre d'entrée, marqué du numéro qui résulte de cette inscription, et frappé du timbre de l'établissement. Cette dernière empreinte, qui est à l'encre grasse, se fait toujours en plusieurs endroits, en deux au moins, sur le titre d'abord et indispensablement (le titre, c'est l'endroit qui se remarque le mieux et se voit le plus vite), puis à une page quelconque, mais toujours la même respectivement pour chaque bibliothèque. Cette page est, pour la Bibliothèque nationale, la page 97 (anciennement page 101); pour la bibliothèque Sainte-Geneviève, la page 41 ; pour les bibliothèques universitaires, la page

99 ; etc. Si le volume contient un nombre de pages inférieur au folio de la page conventionnelle, on adopte pour ces plaquettes une autre page conventionnelle : la première page de la deuxième feuille, par exemple, comme à la Bibliothèque nationale. Si des planches sont jointes au volume, il est d'usage, en outre, d'estampiller chacune d'elles. Enfin, parfois même, la reliure porte sur les plats l'écusson de cette bibliothèque ou son anagramme gaufré et doré.

On voit que de marques et d'indices rendus, autant qu'il est humainement possible d'y parvenir, indélébiles et indestructibles, le voleur est tenu de faire disparaître, si, ayant su esquiver la surveillance des gardiens et déjouer leur contrôle, réussi à emporter un ou plusieurs volumes, — chose bien ardue et scabreuse déjà, — il veut trafiquer de son vol.

Mais, en supposant même que ces lessivages et grattages de feuillets aient été effectués avec la plus extrême habileté, quel est le bouquiniste ou le libraire qui, au moment de faire l'achat, en feuilletant le livre, ne les découvrira pas, n'en surprendra point quelques traces ? Et que de mal, que de soins, de travail, de temps, quels tours de force pour exécuter plus ou moins bien ces lavages et suppressions !

Il y a quelques années, un malheureux garçon s'est fait prendre par un libraire à qui il venait de proposer l'achat d'un ouvrage dérobé par lui à la bibliothèque Sainte-Geneviève, un *Traité de Machines à vapeur*. Il avait effacé, et Dieu sait au prix de quelles peines ! les quatre indices de cet établissement, c'est-à-dire le monogramme de la reliure, le timbre du titre, le timbre de la page 41 (tome I) et le timbre de la dernière page ; il se croyait à l'abri

de tout danger, sûr de son affaire.
Hélas ! il ne s'était pas aperçu
que ce traité se composait de deux
tomes reliés ensemble ; il n'avait
pas enlevé, par conséquent, le timbre de la dernière page du tome I,
ni celui du titre et de la page 41 du
tome II, et ces empreintes ne tardè-
rent pas à sauter aux yeux du
libraire et à amener l'arrestation du
trop étourdi et peu scrupuleux jeune
homme.

Qu'advient-il en France d'un livre
reconnu pour avoir été dérobé à un
de nos établissements publics ? L'a-
cheteur est-il tenu de le restituer, et
à quelles conditions ? Un jugement
prononcé en 1861 par la cour impériale de Paris nous édifie à ce sujet.
« L'arrêt a été rendu dans les circonstances suivantes : M. Schlesinger,
libraire à Paris, avait acheté, dans
une vente publique faite en Prusse
après le décès du baron van Coels,
chambellan du roi de Prusse, un

livre intitulé *les Plaisirs de l'île enchantée*, portant les armes de Le Tellier, archevêque de Reims, et donné par lui, avec le reste de sa bibliothèque, aux religieux de Sainte-Geneviève. M. le ministre de l'Instruction publique a revendiqué ce livre comme ayant été soustrait à la bibliothèque, et, quoique M. Schlesinger offrît de le rendre contre remboursement du prix auquel il l'avait payé, M. le ministre a soutenu qu'il devait être rendu sans remboursement. Le tribunal de première instance de la Seine a donné gain de cause au libraire ; mais la cour impériale, en appel, l'a condamné à restituer le livre sans indemnité. » Elle a, en outre, décidé, par le même arrêt, qu' « aucune prescription ne peut couvrir la possession, même de bonne foi, de livres soustraits à des bibliothèques publiques [1]. »

1. Cf. *Annuaire du bibliophile, du bibliothécaire et de l'archiviste*, 1862, p. 222.

Un singulier mode de conservation des livres a été pratiqué, il y a
plusieurs siècles, à Guildford, en Angleterre. Une collection de livres
rares ayant été léguée à l'école municipale de cette ville, l'instituteur
fut chargé de veiller à cette collection, et il en était responsable : si un
volume s'égarait, il devait le remplacer à ses frais. L'un de ces maîtres,
afin d'écarter le plus possible toute
menace de danger et de sauvegarder
ainsi sa responsabilité, conçut un
projet qu'il jugea excellent et qui
était, en réalité, des plus désastreux.
Aussitôt en possession de son poste,
il fit enlever les planches du parquet
de l'école et placer entre les lambourdes tous les livres, soigneusement empaquetés au préalable ; puis
il fit reclouer les planches du parquet
par dessus ces livres, qui se trouvèrent ainsi hermétiquement enfermés.
Mais il avait compté sans les rats ou
les souris. Ces terribles rongeurs ac-

coururent de toutes parts, envahirent peu à peu l'espace occupé par les livres, et, maîtres de la place, les déchiquetèrent à belles dents. Le jour de l'exhumation venu, la précieuse collection apparut dans le plus pitoyable état : d'où destitution et emprisonnement du trop ingénieux magister [1].

1. Cf. W. BLADES, *les Livres et leurs ennemis*, pp. 123-124.

III

Vols de livres commis chez les éditeurs,
brocheurs, relieurs, libraires et bouquinistes par le personnel de ces éditeurs,
brocheurs, etc. : — Échanges de musique ; — « Il y a de si grands rabais en
librairie! » — Un éditeur chez qui tout se
passe en famille ; — Un relieur comme
on en voit peu.

Les vols de livres commis chez
les éditeurs, brocheurs, relieurs, libraires et bouquinistes peuvent,
comme les précédents, se classer en
deux catégories : vols commis par le
personnel de l'éditeur, du brocheur,
du relieur ou du libraire, ou par les
employés des maisons en relation
avec ce personnel et ayant accès auprès de lui ; — vols commis par le
public, clients habituels ou passants.

Un éditeur s'aperçoit que des volumes disparaissent « en nombre »

de chez lui, sans qu'il trouve trace
de leur absence dans ses lettres ni
sur ses registres. Il flaire une escro-
querie non isolée, mais renouvelée,
continue, combinée et organisée. Le
coupable a nécessairement besoin de
complices pour écouler sa marchan-
dise. Où sont-ils, ces recéleurs ?
Comment les découvrir ?

Un moyen, que j'ai vu employer,
il n'y a pas très longtemps, consiste
à marquer secrètement d'un léger
signe au crayon et à un même endroit (comme on timbre à une même
page les livres d'une bibliothèque)
les volumes qu'on suppose devoir
être pris, les plus exposés. Les libraires ou commissionnaires chez
qui s'effectuent les achats en gros
et les réassortiments n'étant relativement pas très nombreux et possé-
dant pour la plupart une spécialité,
un genre attitré, les soupçons se trou-
vent vite circonscrits, et le recéleur,
avec ses volumes marqués comme il

vient d'être dit, ne peut nier sa complicité.

Une dizaine d'employés des prin-
cipaux éditeurs de musique avaient
imaginé, il y a quelque vingt ans, un
truc aussi simple qu'ingénieux pour
frauder leurs patrons. Ils prati-
quaient l'échange entre eux, et sup-
primaient ainsi ou à peu près cet
intermédiaire, toujours si compro-
mettant, si dangereux, le recéleur ,
ou plutôt, et selon le mot prononcé à
l'audience, ils se faisaient les recéleurs les uns des autres. L'un d'eux,
appartenant à la maison A, avait-il
besoin d'une partition éditée par la
maison B, il se rendait dans cette
maison, s'adressait au commis avec
lequel il était de connivence, et celui-ci lui remettait la partition demandée, en échange d'une partition
de valeur équivalente, éditée par la
maison A. Cette partition, le commis de la maison B trouvait moyen,
un jour ou l'autre, plus ou moins

vite,de s'en défaire, en en tirant pro-
fit. S'il ne la glissait pas dans le
compte de son patron, il la passait
à un troisième compère appartenant
à une troisième maison, la maison
C, qui lui donnait, en échange toujours, une publication éditée par cette
maison C ; etc.

Un procès plus récent a réservé
une assez désagréable surprise à celui qui l'avait intenté, un des princi-
paux commissionnaires en librairie
de Paris.

Depuis quelque temps, il remar-
quait une baisse insolite dans ses
recettes, et, sur ses rayons, des vi-
des non moins inexplicables. On le
volait, il n'y avait pas à en douter, et
les voleurs étaient ses propres employés. Il finit, effectivement, par en
prendre trois la main dans le sac, et
les fit coffrer séance tenante. L'enquête démontra que ces employés ne
se contentaient pas de détourner les
livres de leur patron ; ils « travail-

laient » aussi au dehors : envoyés en course chez d'autres libraires, ils promenaient une main agile dans les bons endroits, et ne s'en revenaient jamais sans un fructueux butin. Et ce qu'il y avait de plus grave, c'est que ces livres ainsi dérobés, c'était à leur patron, leur accusateur d'aujourd'hui, qu'ils les revendaient à très bas prix.

Le juge d'instruction ne manqua pas de relever le fait, — qui fut encore rappelé à l'audience, — et de semoncer vertement le plaignant. Pour un peu, celui-ci eût pris place sur la sellette, à côté de ses accusés.

« Comment pouviez-vous consentir à de telles opérations ?

— J'ignorais la provenance de ces volumes.

— Mais leurs prix infimes suffisaient à vous indiquer qu'elle était suspecte, cette provenance. Vous savez bien jeter les hauts cris quand

c'est vous le volé, mais vous ne souf-
flez mot, lorsque ce sont les autres
que l'on dupe, et que vous profitez
de ces larcins.

— Si j'avais pu deviner....

—Est-ce que ce chiffre de 60 pour
100 de rabais n'était pas fait pour
vous y aider, à deviner ? Est-ce qu'il
n'aurait pas dû vous mettre en
garde ?...

— Eh monsieur le président ! il y
a de si grands rabais en librairie à
l'heure qu'il est ! »

Et c'est, paraît-il, uniquement
grâce à cet argument, — argument
valable et topique, il faut bien, hélas !
en convenir, — que notre homme
s'en tira les grègues nettes.

*
* *

Une autre affaire, qui date à peu
près de la même époque, et a fait
aussi quelque bruit parmi les gens

de lettres et dans le monde des éditeurs et libraires, faillit également
causer de sérieux embarras à son auteur ou protagoniste.

Il y a des citoyens qui se plaignent
toujours d'être volés : c'est une ma-
rotte chez eux. J'ai connu un éditeur, aujourd'hui disparu, qui, chaque matin, avait à vous faire part
d'un nouveau détournement qu'il
venait de subir et de découvrir ; et
ce qui le désespérait, le pauvre garçon, c'est que le commissaire de police, fatigué de ses plaintes réité-
rées, incessantes, ne voulait même
plus le recevoir.

Avec l'autre, le promoteur de l'a-
venture en question, il en alla tout
différemment. Le commissaire lui
ayant demandé un relevé des volumes
qu'il déclarait lui avoir été dérobés,
fut amené, à propos de je ne sais
quel détail, à aller contrôler cet état
sur les livres de commerce de cet
éditeur. Celui-ci essaya d'abord

d'éluder la chose : quoique régulièrement tenus, ses livres ne prouvaient rien ; tout se traitait verbalement chez lui, se passait en famille. Mais le commissaire insista, et il fallut s'exécuter. Or, deux ouvrages inscrits sur la liste des vols présentaient cette particularité, que le chiffre des exemplaires manquants était supérieur au chiffre des exemplaires tirés : on avait, autrement dit, volé plus d'exemplaires qu'il n'en avait été imprimé, qu'il n'en existait.

« Mais alors c'est que vous n'inscrivez pas sur vos registres le chiffre exact de vos tirages ! » objecta, non sans apparence de raison, le commissaire.

L'éditeur répliqua que c'était, encore une fois, affaire entre lui et ses auteurs, « des amis pour lui » ; que c'étaient ceux-ci eux-mêmes qui avaient désiré cette combinaison, demandé que ces chiffres ne concordassent point....

«Mais pourquoi ? Je ne saisis pas le motif...

— Ce sont mes auteurs qui ont intérêt... pour la vente, monsieur le commissaire, pour grossir le total et allécher le public. Ne vous inquiétez pas : je leur en reparlerai.... »

Et il faut croire, en effet, qu'il leur en a « reparlé », et qu'ils se sont tous mis d'accord, écrivains et éditeur, car cette curieuse découverte n'engendra, pour lors ni depuis, aucun conflit.

Un vol d'un genre particulier, qui a causé une vive émotion dans le monde des bibliophiles, a été constaté en novembre 1902. Un relieur, d'un nom très connu et d'un talent apprécié de tous les riches collectionneurs, avait imaginé de vendre les plus beaux livres que ses clients lui donnaient à habiller. Lorsque ces ouvrages portaient une dédicace sur leur faux-titre, il faisait disparaître cette inscription, ou, au besoin, remplaçait ce faux-titre par une page blanche. Je me hâte d'ajouter que cet abus de confiance est des plus rares dans la corporation des relieurs : je n'en connais pas d'autre exemple.

IV

Vols de livres commis chez les libraires
et bouquinistes par les clients indélicats
et les voleurs professionnels : — Diffé-
rents trucs de certains acheteurs : — *La
Dame au parapluie; — L'Amateur des
premières éditions ;* — « On reviendra!»
— Une bande de voleurs ; — L'abbé
B...; — Un soi-disant journaliste ; — A
bon chat bon rat ! — Le *Bottin* et le
Larousse particulièrement convoités; —
Une doublure solide ; — Le coup du
Littré ; — Voleur volé.

Énumérer tous les procédés employés par les clients indélicats et
les voleurs professionnels pour du-
per les libraires et bouquinistes serait interminable : je me bornerai
aux faits présentant quelque instruc-
tive ou drolatique particularité, et
m'en tiendrai aux moyens les plus
usités, aux trucs classiques.

D'abord, changer le volume de

case ou de rayon, le faire passer
tout doucement, en ayant l'air de le
feuilleter avec attention, de la boîte
à deux francs dans la boîte à vingt
sous, et en proposer alors l'achat.

« Mais, monsieur, c'est une erreur : ce volume est à deux francs.

— Je viens de le trouver là cependant !

— Un client l'y aura laissé par
mégarde...

— Ce n'est pas ma faute, à moi !
Je ne suis pas responsable.... Il était
bien dans la case à vingt sous !

— Enfin, soit ! Prenez-le. »

Il y a ensuite le monsieur qui
achète sans marchander un volume
de peu de valeur, le glisse ostensiblement sous son bras, en continuant
à bouquiner au même étalage, puis
substitue à ce piètre volume un livre de même format et même apparence, mais d'un prix bien supérieur.

Il y a le client qui fait choix d'un

volume à l'étalage extérieur d'une librairie, et dit au commis préposé à la surveillance de cet étalage : « J'entre dans le magasin…. Je trouverai peut-être autre chose à ma convenance…. Je paierai à la caisse. » Il ressort au bout d'un instant, — sans avoir rien payé du tout. Si le commis ou le patron s'aperçoivent du tour et se lancent à la poursuite de ce filou, ils devront faire bien attention de ne pas le rejoindre trop tôt ; autrement, s'il n'avait pas dépassé l'étalage, il ne manquerait pas de leur chanter une maîtresse gamme :

« Pour qui donc me prenez-vous ? Vous voyez bien que je n'ai pas fini… Je suis encore en train de regarder vos volumes, et vous venez… Je ne m'en vais pas! N'ayez pas peur ! Vous avez une singulière façon d'attirer le monde ! » Etc.

Afin d'éviter ce malentendu et de couper court à toute hésitation et subterfuge, il est d'usage, parmi les

libraires étalagistes, de n'accoster
un client de ce genre et le rappeler à
ses devoirs qu'à vingt-cinq pas de
l'étalage, ou simplement au-delà de
la première porte cochère qui y fait
suite. Et encore est-on exposé à s'entendre répondre :

« Ah ! pardon ! C'est, ma foi, vrai !
J'oubliais de régler... Mille excuses !
Je suis confus... Quel étourdi je fais !»

Entrer chez un libraire avec deux
volumes sous le bras, déposer bien
ostensiblement ces deux volumes sur
une pile de livres, puis jeter un coup
d'œil dans les casiers ou sur les
rayons en conversant avec le commis ou le patron, et, au moment du
départ, reprendre non seulement les
deux volumes qu'on a apportés, mais
y adjoindre deux ou trois de ceux
qui sont empilés dessous, voilà encore une rubrique fréquemment en
usage.

D'autres « amateurs » attendent
pour pénétrer dans le magasin, qu'il

ne s'y trouve plus qu'un commis ou que le patron. Ils savent que telle catégorie de livres, les ouvrages de mathématiques, par exemple, sont rangés dans l'arrière-boutique ou au sommet des rayons. Ils demandent un volume de ce genre, et, pendant que le libraire court bien loin ou grimpe à l'échelle, ils font rapidement rafle autour d'eux. Ils ne manquent pas de prétextes ensuite pour refuser le traité d'algèbre ou de trigonométrie présenté :

« Il y a une édition bien plus récente.... C'est un volume broché que vous m'apportez, je le voudrais relié,... relié comme ceci, pas comme ça.... » Etc.

Une dame qui a fini par acquérir une réputation légendaire parmi les bouquinistes des quais, — *la Dame au parapluie*, comme on l'appelait, — avait imaginé de laisser choir, dans un parapluie qu'elle tenait appuyé contre elle, fermé, mais non roulé ni retenu par un caoutchouc, les livres qu'elle choisissait ; et son choix — insondable et cruelle énigme ! — tombait presque exclusivement sur les romans de M. Paul Bourget.

Un autre type non moins connu, c'est *l'Amateur des premières éditions*, un petit boiteux qui ne marchait jamais qu'en s'aidant d'une canne, d'une belle canne en rotin, à bec d'argent ciselé, et ne se séparait jamais de son épaisse serviette de maroquin. Il parcourait les librairies où il savait trouver des éditions princeps des meilleurs romans modernes, et, dès que les volumes par lui demandés, une quinzaine pour le moins, étaient empilés sur le comptoir, au moment de les examiner, il laissait tomber sa canne. Vite, le commis, par courtoisie envers un client, par égard pour un infirme, se baissait, dans l'intention de la ramasser, et cette demi-seconde suffisait au petit homme pour faire disparaître deux ou trois de ces exemplaires dans la serviette déposée sur le comptoir à côté d'eux.

Il y a des voleurs qui poussent l'audace jusqu'à dérober en plusieurs fois, selon les circonstances et les facilités qu'ils rencontrent, des ouvrages en dix, quinze, vingt volumes. C'est même un indice pour bien des libraires, lorsqu'il manque des volumes à une collection : « On reviendra, se disent-ils ; on voudra avoir le reste » ; et ils ouvrent l'œil et font bonne garde. Cette façon de procéder par petits paquets n'est pas sans analogie avec celle de ce docteur bibliomane, que nous avons vu stigmatisé dans un sonnet de M. Fertiault.

Les voleurs de livres, particularité à remarquer, appartiennent à toutes les conditions sociales.

Pour inspirer confiance à un libraire, ou plutôt et plus simplement pour avoir accès facile dans son magasin, il est nécessaire de posséder une mise convenable, la tenue bourgeoise, et aussi quelque instruction : en d'autres termes, c'est dans les classes libérales que les voleurs de livres doivent le mieux se recruter. Mais, règle générale et qui se comprend de reste, les libraires se méfient des clients trop frileux, qui ne craignent pas, par exemple, de porter d'amples pardessus au cœur de l'été.

D'ailleurs, riche ou pauvre, homme ou « monsieur », femme ou « dame », tout le monde aujourd'hui sait lire — plus ou moins — et a le droit d'ouvrir un livre à un étalage. Or, rien ne s'enlève, ne se subtilise aussi aisément et prestement qu'un in-8 ou un in-12, si ce n'est un in-24 ou un in-32.

Il existe des gamins dressés au

vol des livres, comme à bien d'autres vols, du reste, et qui opèrent sous la gouverne ou sous les yeux d'un chef de bande. L'un de ces « professeurs » ou « capitaines » s'est récemment fait arrêter aux alentours de l'Odéon : il se plaçait régulièrement en embuscade dans le jardin du Luxembourg, contre la grille longeant la rue de Médicis, et, de là, surveillait ses élèves, qui allaient rôder sous les galeries et lui apportaient au fur et à mesure le produit de leur chasse. On ne braconnait pas au hasard, on ne tirait pas sa poudre aux moineaux : le commandant de la troupe connaissait les ouvrages en renom, avait la précaution de se tenir au courant des nouveautés à succès, et il les indiquait à « ses hommes ». Tout ce qu'on raflait était de bonne vente et de défaite facile.

Parmi les vols de livres qui ont fait sensation durant ces dernières années, on ne saurait passer sous silence ceux d'un prêtre, l'abbé B..., qui était attaché comme professeur à un grand établissement d'instruction de Paris. Il n'est guère de libraires ou de bouquinistes de la rive gauche qui n'aient reçu de cet ecclésiastique des visites fréquentes et nullement désintéressées, hélas ! Des commis, qui avaient fini par éventer ses manèges et les dénoncer à leur patron, faillirent être soupçonnés eux-mêmes et congédiés. Aller s'attaquer à un personnage aussi respectable, aussi sacré, — et à un aussi fidèle client !

Par malheur pour lui, l'abbé B... — dont l'exemple, du reste, rentrerait plutôt dans la catégorie des voleurs « qui gardent et ne revendent pas » — avait aussi la passion de la géologie : il fut pris en flagrant délit de vol d'échantillons de minéraux à l'École des Mines ; on perquisitionna chez lui, et le pot aux roses fut découvert. Peu après, l'abbé B..., qui s'était enfui de Paris et réfugié en Normandie, a été, assure-t-on, trouvé mort au pied d'une falaise.

On peut encore rappeler ici le cas de ce soi-disant journaliste, qui se déclarait chargé des articles bibliographiques dans un grand journal de Lille, et profitait de cette prétendue besogne pour soutirer aux éditeurs toutes leurs nouveautés. Les articles, bien entendu, ne voyaient jamais le jour, ni à Lille ni ailleurs. Cet escroc finit par se faire arrêter en septembre 1898 : il appartenait à une fort honorable famille, et avait plusieurs complices, qui essayaient, comme lui, de vivre du trafic des livres nouveaux. Mais il s'agit là d'une fraude toute spéciale, qui ne concerne que les éditeurs et ne touche en rien les libraires, leurs magasins ni leurs étalages.

De l'avis de nombre de détaillants, c'est aux approches des fins de mois, c'est-à-dire quand le vide est fait ou va se faire dans bien des porte-monnaie, que les vols sont de beaucoup le plus fréquents.

Libraires et bouquinistes se défendent sans relâche, cela va de soi, et s'efforcent de leur mieux d'opposer la ruse à la ruse. A bon chat bon rat ! Des miroirs peu apparents indiquent à l'intérieur du magasin ce qui se passe au dehors. Des interstices, d'imperceptibles fenêtres sont ménagées entre les piles de livres. Parfois le journal, que le libraire tient à demi déployé devant lui, et dans la lecture duquel il semble plongé, est percé d'un trou, ce qui permet au pseudo-lecteur de suivre tous les mouvements de tel ou tel client douteux. La plupart du temps, c'est un habitué, un voleur connu, un professionnel, que l'on guette ainsi et que l'on veut prendre. On lui tend des pièges, à ce chapardeur ; on s'ingénie à se débarrasser de lui et à en finir. On connaît ses goûts, on sait dans quels coins il se plaît à fureter, et on glisse là quelque petit bouquin tout à fait tentant et affriolant.

« Tu y viendras, mon bonhomme ! Tu mordras à l'hameçon ! »

Des gratifications ou primes sont allouées par plusieurs libraires étalagistes à leurs employés pour chaque voleur pris sur le fait, « pincé ». Le taux de ces primes était de cinq francs par voleur à l'ancienne librairie D....., rue Soufflot, et le nombre des filous qui y étaient annuellement arrêtés, il y a un quart de siècle, s'élevait en moyenne à trente-cinq ou quarante.

« Sans compter les autres, tous ceux qu'on ne prend pas ! » s'exclamait un jour avec rage un des commis de cette maison.

Il est juste d'ajouter que, pour s'épargner de fastidieuses démarches chez le commissaire et devant les tribunaux, toutes sortes de corvées, de tracas et de pertes de temps, plus

d'un commerçant, et des mieux
avisés, préfère garder le silence et
octroyer tout bonnement au marau-
deur quelques fines taloches ou un
coup de pied flanqué au bon endroit.

Les ouvrages de bibliothèque ainsi
que les livres de référence courante,
dictionnaires, annuaires, etc., sont
ceux auxquels les chevaliers d'in-
dustrie et malandrins de profession
s'attaquent de préférence. L'*Annuaire Didot-Bottin* notamment est
souvent en butte à leurs convoitises.
Le *Grand Dictionnaire* de Larousse
est aussi tout particulièrement ex-
ploité par eux : il va sans dire qu'une
telle masse ne s'emporte pas en ca-
chette, sous le bras. On procède ou-
vertement. On achète l'ouvrage tout
relié, on fait déposer dans une manne
d'osier ces énormes volumes — dix-
sept avec les deux suppléments — et

charger cette manne sur une voiture.

« Voudriez-vous me faire accompagner par un de vos employés ? Je paierai à domicile.

— Rien de plus simple, monsieur. »

Un des commis s'installe dans le fiacre, à côté du client ; on part, et celui-ci, chemin faisant, raconte à son compagnon qu'il est principal clerc chez un notaire, et que c'est pour l'étude de son patron qu'il effectue cet achat. Arrivé à destination : — « Comme cette manne est trop lourde pour que vous la montiez tout seul, » allègue-t-il obligeamment, — il prie le commis de vouloir bien grimper jusqu'à l'étude, au troisième : — « Vous êtes plus ingambe que moi, jeune homme ! » — et de dire au garçon — « Vous n'aurez qu'à demander Théodore ! » — de venir lui donner un coup de main.

« Moi, pendant ce temps, je garderai la voiture. »

Quand le commis redescend, sans avoir trouvé ni Théodore, ni notaire, ni étude, il ne retrouve pas non plus la voiture. Le *Larousse* et la manne, la belle et solide manne d'osier toute neuve, dans laquelle reposent les dix-sept tomes reliés, ont disparu avec elle et avec le soi-disant principal clerc. Il ne reste plus au commis qu'à rentrer au gîte l'oreille basse et narrer son infortune au patron.

Ajoutons, car l'histoire est authentique, que la manne et son contenu furent découverts le surlendemain dans la boutique de certain étalagiste : presque toujours on sait quel confrère peut acheter telle ou telle sorte de livres, et de quel côté diriger les recherches.

Le poids même d'un ouvrage n'est pas toujours un obstacle à son enlèvement immédiat : témoin le monsieur, dit *au mac-ferlane*, dont on garde encore souvenance à la maison Hachette. Ce particulier, qui arrivait obstinément affublé, été comme hiver, d'un long manteau à pèlerine, et s'était attiré déjà des soupçons très probablement mérités, trouva moyen un beau jour d'enfouir dans la doublure de son manteau douze tomes de la *Géographie* de Reclus,— ce qui représente la charge respectable de 40 kilogrammes, et fait l'éloge du tailleur fournisseur d'une étoffe aussi solidement cousue et aussi résistante.

Mais le plus joli tour — MM. les grippe-livres, comme leurs copains tire-laine et coupe-bourses en ont des milliers dans leurs bissacs — fut celui qui advint, il y a des années déjà, à un libraire de la rue Soufflot.

Un passant,

Qui n'a pas dit son nom et n'est point revenu,

avise un matin à l'étalage de ce marchand un exemplaire du *Dictionnaire* de Littré, cinq volumes reliés, en parfait état, avec l'étiquette 80 francs. Aucun commis n'est de planton, personne ne surveille, le trottoir est désert.... Vite, notre homme, qui cherchait chape-chute, s'empare des cinq volumes, les range sous son bras, fourre dans sa poche l'étiquette compromettante, et s'apprête à fuir.

Mais où aller avec cet encombrant fardeau ?

L'idée lui vient d'entrer chez le libraire même à qui appartient — appartenait plutôt — ce *Littré*, et de lui en proposer l'acquisition.

« Un *Littré* ? interrompt ce commerçant, je n'en ai que faire ; j'en ai un en montre ;... en voilà encore deux autres là-bas.... »

Cependant, flairant une exceptionnelle bonne affaire; il se ravise. Pour trimballer ainsi à travers les rues ces énormes et pesants in-quarto, il faut vraiment, songe-t-il, que ce pauvre hère soit dans une de ces débines ! D'autre part, avec le *Littré*,

on ne risque rien, ça se vend toujours....

« Et combien en voulez-vous, de
votre exemplaire ? demande-t-il.

— Le plus possible, réplique bra-
vement l'autre.

— J'entends bien, mais... je ne
peux pas vous en donner plus de
trente francs. J'en ai déjà trois, des
Littré.... C'est uniquement pour
vous obliger....

— Mettons trente-cinq ?

— Non, trente, pas davantage. Je
n'y tiens pas, je vous dis....

— Allons, il faut bien en passer
par où vous voulez !

— Laissez-moi votre adresse : je
vous ferai payer à domicile, comme
c'est la règle.

— C'est que... j'ai besoin d'argent
tout de suite,... absolument !

— Enfin ! Tenez ! Vous avez l'air
d'un si brave homme ! »

Et puis l'affaire était si bonne
qu'il eût été déplorable de la rater.

Je vous prie de croire que, les trente francs une fois en poche, ledit pauvre hère ne s'attarda pas à complimenter le libraire sur cette merveilleuse opération, et qu'il déguerpit presto. Mais on ne l'a pas encore oublié, « le coup du *Littré* », on s'en gaudit encore chez tous les marchands de livres et dans le monde « du papier ».

Malgré leur fréquence, et sauf les cas tout à fait exceptionnels, les vols de livres sont néanmoins, on peut l'affirmer hardiment et sans velléité d'hésitation, les moins lucratifs de tous les vols.

A part ces gros et grands ouvrages dits « de bibliothèque », dont il vient d'être question, à part quelques nouveautés, sauf surtout les volumes rares, certains livres à gravures, quelques éditions princeps,

les bijoux de bibliophiles, ces trésors toujours prudemment renfermés
à clef sous vitrine, et dont nous avons
parlé au début de cette étude, les
livres dérobés sont d'une vente déri-
soire, qui ne nourrit pas son homme.

Ce rabais de 60 pour 100 qu'a-
vouait tout à l'heure un important
commissionnaire en librairie, est
couramment et de beaucoup dépassé
dans les ventes en gros ou dans les
ventes d'occasion, comme celles qui
peuvent résulter de détournements
et de larcins. C'est à 90 pour 100 de
rabais qu'une de nos plus célèbres
maisons d'édition a soldé, il y a une
quinzaine d'années, quantité d'exemplaires de beaux et bons ouvrages.
C'est à peu près dans les mêmes
conditions que l'excellent fonds de
M. Jouaust, un des derniers impri-
meurs de la vieille école, aussi lettré
et érudit que soigneux et conscien-
cieux, a été cédé. Pour le livre à
3 fr. 50, le plus répandu et partant

10

le plus exposé à être filouté, le rabais, en dehors de la nouveauté, est bien plus considérable encore. Dans les ventes de fonds d'éditeur effectuées en ces derniers temps, le prix des volumes marqués 3 fr. 50 (sauf pour les auteurs en renom, dont les œuvres peuvent, cas très rare, se trouver impliquées dans ces ventes) a varié de 0 fr. 05 à 0 fr. 30, c'est-à-dire a subi un déchet de 98 à 91 pour 100.

Voler des livres, dans ces conditions, c'est vraiment courir des risques et se donner du mal pour bien peu de chose. MM. les voleurs de profession s'en aperçoivent vite et ne s'attardent pas de ce côté : le jeu n'en vaut pas la chandelle. L'un d'eux, pincé tout récemment avec un ballot de volumes jaunes, dont il cherchait en vain à se débarrasser, même au plus vil prix, répliquait avec indignation au commissaire de police :

« Mais, m'sieu le commissaire,
c'est moi le volé là-dedans ! V'là
trois heures que je roule avec ce
paquet dont personne ne veut, dont
je ne sais que faire, trois heures que
je trime et turbine ! C'est moi le volé,
m'sieu le commissaire ! »

Amère et douloureuse constatation, mais suprêmement exacte, in-
déniable et irréfutable, que cet infortuné écornifleur de bouquins semblait donner à méditer à tous ses
acolytes ou émules.

INDEX ALPHABÉTIQUE

DES NOMS DE PERSONNES